Nina Sattler-Hovdar

Translation – Transkreation

Vom Über-*Setzen* zum Über-*Texten*

BDÜ Fachverlag

Nina Sattler-Hovdar

Translation – Transkreation

Vom Über-*Setzen* zum Über-*Texten*

Die Deutsche Bibliothek – CIP Einheitsaufnahme

Nina Sattler-Hovdar: Translation – Transkreation
Vom Über-*Setzen* zum Über-*Texten*

ISBN: 978-3-938430-73-6

verlegt von der BDÜ Weiterbildungs- und Fachverlagsgesellschaft mbH, Berlin,
einem Unternehmen des Bundesverbandes der Dolmetscher und Übersetzer e. V. (BDÜ)

Hinweis: Ich bitte alle Leserinnen um Verständnis, wenn ich in diesem Buch aus Gründen der besseren Lesbarkeit die männliche Form personenbezogener Substantive verwende. Selbstverständlich sind alle gleichermaßen angesprochen.

Satz: Thorsten Weddig, Essen
Foto: stockpics/Fotolia.com (Titelbild)
Druck: Schaltungsdienst Lange oHG, Berlin

Good writing is not a natural gift. You have to *learn* to write well.

(David Ogilvy)[1]

1 Ogilvy, 2012, S. 69

Fragen, die dieses Buch beantworten soll

- Was ist Transkreation?
- Wie muss ich mir die Arbeit eines „Transkreativtexters“ vorstellen?

Wenn Sie Auftragnehmer (Übersetzer) sind:

- Ist Transkreation überhaupt etwas für mich?
- Wenn ja: Wie kann ich mich auf diesem Gebiet weiterentwickeln/spezialisieren/positionieren?
- Wie mache ich anderen klar, was sie sich darunter vorstellen sollten und welcher Aufwand damit verbunden ist?
- Wie kann ich besser formulieren lernen?

Wenn Sie Auftraggeber sind:

- Brauche ich so etwas wie Transkreation überhaupt?
- Wie kann ich optimale Ergebnisse sicherstellen?
- Welcher Aufwand ist damit verbunden?
- Mit welchen Kosten muss ich rechnen?

Sie haben 30 Sekunden

Kennen Sie den „Elevator Pitch"?

Sie haben nur wenige Sekunden Zeit, um Ihr Gegenüber in einem imaginären Aufzug davon zu überzeugen, dass er Ihre Expertise braucht. Der Aufzug steht dabei bildhaft für jegliche Situation, in der Sie in sehr kurzer Zeit einen ersten Eindruck machen möchten, für den es ja bekanntlich keine zweite Chance gibt.

Ihr Gegenüber fragt Sie also in bester Smalltalk-Tradition, was Sie „beruflich so machen". Was antworten Sie?

Ich bin Übersetzerin.

Wirklich? Welche Sprachen?

Englisch und Spanisch.

Vielleicht sind Sie gut drauf und ergänzen:

Und gelegentlich auch Russisch.

Alles klar. Hat mich gefreut!

Aufzugtür geht auf, Ihr Gegenüber steigt aus. War wohl nix. Nächste Möglichkeit:

Was machen Sie so beruflich?

Ich bin Kommunikationsberaterin für mehrsprachige PR und Werbung. Ich helfe Unternehmen, international Image und Umsatz zu steigern. Hier meine Karte.

Was antwortet Ihr Gegenüber, glauben Sie, bevor er aussteigt?

Vorwort

Wenn Sie den Elevator Pitch auf der vorhergehenden Seite gelesen haben: Welche Antwort hätten Sie spontan gegeben?

Unsere Berufsgruppe tendiert zum Understatement, also hätten Sie wahrscheinlich, so wie ich auch, am liebsten Antwort 1 gegeben, obwohl Ihnen bewusst ist, dass Antwort 2 erfolgversprechender ist.

Schon in unserer Ausbildung wird uns eingeprägt, als Übersetzer müsse man sich möglichst unsichtbar machen. Dies hat ja auch eine gewisse Berechtigung: Die Leser sollen einem Text nicht anmerken, dass daran ein Übersetzer zugange war. Je weniger der Übersetzer wahrgenommen wird, desto besser der Text. Unsichtbarkeit quasi als Gütesiegel.

Dies ändert sich jedoch, wenn wir uns als Berater unserer Kunden verstehen. In diesem Fall müssen wir uns sogar *deutlich* sichtbar machen, um ausreichend wahrgenommen zu werden – im Interesse des Kunden selbst.

Vor wenigen Tagen rief mich der Geschäftsführer einer Agentur an, für die ich kürzlich, als Erstauftrag, eine bereits übersetzte Pressemitteilung vom Englischen ins Deutsche adaptiert und überarbeitet hatte. Der Kunde sei begeistert gewesen, sagte mir dieser Geschäftsführer, und er würde die Zusammenarbeit mit mir gern weiter ausbauen. „Es gibt nur wenige wie Sie", so sein Urteil.

So viel Lob hört man natürlich gern, dennoch möchte ich in einem Punkt widersprechen. Ich bin nämlich überzeugt, dass es wesentlich mehr gibt, die so sind „wie ich". Vielleicht haben diese bloß ihr Potenzial noch nicht entdeckt. Oder noch nicht genügend ausgebaut.

Wie ich das meine entdeckt und ausgebaut habe, und wie Sie es angehen, dass Sie eines Tages vielleicht auch einen solchen Anruf erhalten, erfahren Sie in diesem Buch.

Denn hiermit trete ich an, das angestaubte Bild des traditionellen Übersetzers als eine Person, die „eben mal ein paar Sprachen spricht" und etwas überträgt, „was eh jeder kann, aber gerade keine Zeit dazu hat", zu einem Profi aufzuwerten, dessen interkulturelle Erfahrung und Beratungsexpertise in der internationalen Präsenz von Auftraggebern wahrgenommen wird. Und zwar als profund und wertvoll.

Bücher über Kreativitätstechniken und professionelles Texten gibt es viele und immer mehr. Auch die Tätigkeit des Übersetzens findet in einem zusehends breiteren Publikum (etwas mehr) Beachtung. Wenig praxisbezogene Literatur hingegen existiert bislang zum Thema *Transkreation* – einem Markt, der stark unterschätzt wird, jedoch ein hohes Zukunftspotenzial besitzt.

So war ich auch selbst als Übersetzerin jahrelang zugange, ohne mich als kreativ oder gar *trans*kreativ zu bezeichnen.

Kurz vor der Jahrtausendwende jedoch, als „Transkreation" ein weitgehend noch unbekanntes Konzept war, kam ein Kreativtexter auf mich zu, der für mehrere renommierte Werbeagenturen arbeitete. Er gratulierte mir zu einer gelungenen Übertragung eines Textes und fragte mich, weshalb ich meine Arbeit „so billig" verkaufe. Mein bescheidener Einwand „ich bin keine ausgebildete Texterin" ließ er nicht gelten: „Es zählt das Resultat, nicht der Weg."

Vielleicht lag diese offensichtliche Kompetenz in der transkreativen Arbeit an meiner über die Jahre erworbenen Fähigkeit, markenstrategisch und aus Konsumentensicht zu denken. Mein Selbstbewusstsein jedenfalls stieg dank dieses guten Zuspruchs schlagartig und ich begann mir auf diesem Gebiet ein weiteres Standbein aufzubauen, zusätzlich zu meinen Fachübersetzungen.

Warum ich das alles erzähle? Nun, Ihnen geht es vielleicht ähnlich. Sie haben jede Menge Potenzial und Erfahrung, sind aber zu bescheiden. Bei Übersetzern ist dies häufig der Fall. Wir tendieren, wie gesagt, zum Understatement.

So musste auch ich feststellen, wie schwierig es war, Auftraggebern den Aufwand klar zu machen, der mit hochwertiger transkreativer Arbeit verbunden ist. Nicht zuletzt auch deshalb, weil es zahllose Übersetzer gab und weiterhin gibt, die dies zum mehr oder weniger regulären Übersetzungstarif erledigen – jenem Tarif, „den man halt so kriegt" – aus Unwissenheit oder Bescheidenheit, so wie auch ich dies einst getan hatte.

Ich betrieb daher immens viel Aufklärungsarbeit sowohl im Kollegenkreis als auch bei Auftraggebern, insbesondere bei Übersetzungsagenturen. 2006 schließlich führte ich meine gesammelte Erfahrung erstmals in einem Vortrag zusammen, den ich im Rahmen der Jahreskonferenz der American Translators

Association (ATA) in New Orleans unter dem Titel *Translators hired as Copywriters* hielt.

Die positive Resonanz übertraf meine kühnsten Erwartungen.

Das Interesse an der Thematik war offenbar enorm – und ein Tabu gebrochen: „Über Geld spricht man nicht". Ich sage: Doch. Über gute Leistung und adäquate Entlohnung sollte man durchaus sprechen. Und schreiben.

Seither habe ich zum Thema der transkreativen Arbeit von Übersetzern mehrfach Artikel veröffentlicht und Vorträge gehalten, zuletzt im August 2014 in Berlin auf der Konferenz des internationalen Dachverbands aller Übersetzerverbände weltweit (FIT). Die Resonanz war jedes Mal wieder ungebrochen hoch.

Somit ist nun die Zeit gekommen, meine gesammelte Erfahrung auf dem Gebiet der Transkreation zusammenzutragen und schriftlich festzuhalten.

Als Resultat ist dieses Buch entstanden, für all jene, die sich dieser besonderen Form der Arbeit mit Sprachen, Kulturen und deren Vermittlung widmen. Diesen Experten soll das Buch Hilfestellungen zur Hand geben, wie sie effizienter und effektiver an die Arbeit herangehen, nachhaltigen Erfolg damit und Freude daran haben – und vor allem auch, wie sie ihren Auftraggebern klarmachen, wie viel Arbeit und Know-how mit Transkreation verbunden ist. Wie Sie in diesem Buch feststellen werden, kann die in der Übersetzungsbranche übliche Abrechnung pro Wort oder Zeile dem Aufwand nicht gerecht werden.

All das hätte ich ohne die Unterstützung und den Zuspruch von so vielen Seiten nicht geschafft. Mein großer Dank gilt daher all jenen, die mich darin bestärkt haben, meine Erfahrungen zu Papier zu bringen: allen voran meinem Mann – meinem größten Motivator und Berater, der auch dieses Buch kritisch unter die Lupe genommen hat – sowie andererseits Roland Hoffmann vom BDÜ Fachverlag, auf dessen Anfrage hin der Stein ins Rollen gebracht wurde, und den vielen Kolleginnen und Kollegen, die mir aufgezeigt haben, worin für sie die größten Herausforderungen liegen. So hoffe ich nun ein Buch vorzulegen, das die brennendsten Fragen beantwortet und neben konkreter Hilfestellung auch so manches Aha-Erlebnis bewirkt.

Nina Sattler-Hovdar
Elixhausen, im November 2015

Inhalt

1 Transkreation

Andere Wörter,
dieselben Gedanken.[2]
(Marta Majewska)

Was ist das?

Marketing-Übersetzung, adaptive Übersetzung, „freie" Übersetzung, kreative Adaption, Copy-Editing, druckreifes Übersetzen, oder auch einfach nur „eine Übersetzung, die sich irgendwie griffiger liest" – kommt Ihnen das bekannt vor?

Häufig erlebe ich Anfragen auch in folgender oder ähnlicher Form:

- Ein Übersetzungsbüro schickt eine Übersetzung einer Pressemitteilung und fragt, ob ich diese „so ändern" kann, dass sie „idiomatischer" klingt, der Kunde sei „unglücklich" mit der Übersetzung.
- Es soll eine Werbeanzeige für ein Hochglanzmagazin „übersetzt" werden – für die Mindestpauschale, es sind ja nur 200 Wörter.
- Ein Auftrag für „Korrekturlesen" entpuppt sich als umfassendes Um- und Neuschreiben des zielsprachlichen Textes.
- E-Mail eines Übersetzungsbüros: Dem Kunden seien die Ideen ausgegangen, er brauche innerhalb der nächsten Stunde einen kreativen Claim „übersetzt", das geht doch schnell, Sie sind da drauf ja spezialisiert, oder?

Sie sehen schon: Was die Bezeichnungen wie auch die Auftragsbedingungen angeht, herrscht absoluter Wildwuchs.

Denn was hier durchweg uneinheitlich – und häufig ohne genaue Vorstellung des Bedeutungsinhalts – verwendet wird, bezeichnet eine Arbeit, die meines Erachtens durch *Adaption* oder auch *Transadaption* am präzisesten auf den

2 http://blog.porternovelli.com/2011/06/20/different-words-same-ideas

Punkt gebracht wird. Ich finde auch „Übertexten" im Gegensatz zum „Übersetzen" recht eingängig. In der Branche hat sich allerdings die Bezeichnung *Transkreation* durchgesetzt. Mein einziger Vorbehalt gegenüber dieser Bezeichnung ist, dass sie dem Kunden suggerieren könnte, sein Text werde „kreativ" im Sinne von „ungenau" oder „wie ich gerade lustig bin" behandelt. Das ist natürlich keineswegs der Fall, ganz im Gegenteil. Genauigkeit ist auch bei Transkreation eine Grundvoraussetzung. Darauf werde ich im Zuge dieses Buches noch ausführlich eingehen.

In weiterer Folge werde ich allerdings, dem Branchenusus entsprechend und meinem obigen Vorbehalt zum Trotz, nur mehr die Bezeichnung *Transkreation* (oder *transkreatives Texten*) verwenden.

In diesem Wort – Trans-Kreation – kommt zum Ausdruck, dass ein Text

1. von einer Sprache in die andere übersetzt wird („*Translation*") und
2. zielsprachlich überarbeitet und adaptiert wird („*Kreation*").

Wikipedia liefert für den Begriff der Transkreation eine recht brauchbare Definition[3], beschränkt sich allerdings auf Werbetexte, sodass ich den Eintrag im Anschluss etwas ergänze:

*„Unter einer **Transkreation** versteht man in der Werbung die Übersetzung eines Werbetextes in eine andere Sprache unter Berücksichtigung veränderter kultureller Bedingungen und Zusammenhänge.*

*Der Begriff stellt eine Synthese der Wörter Translation und Kreation dar. Der Ausgangstext wird dabei in der anderen Sprache an die spezifischen Bedürfnisse eines bestimmten geografischen Zielmarktes, einer Zielgruppe, eines Marktsegments oder einer Kundengruppe angepasst. Insbesondere werden auch unterschiedliche kulturelle und sprachliche Gepflogenheiten in den jeweiligen Kulturräumen, auf die eine Transkreation abzielt, berücksichtigt. Eine solche Werbeübersetzung wird auch als Adaption bezeichnet. Im angelsächsischen Sprachgebiet hat sich dafür bereits seit Längerem der Begriff der **transcreation** eingebürgert. Seit einiger Zeit hat sich im deutsch-*

3 https://de.wikipedia.org/wiki/Transkreation. Stand: 5.10.2015

sprachigen Raum in der Übersetzungsbranche analog der Terminus Transkreation etabliert. Eine dezidiert werbliche Übersetzung erfordert neben der übersetzerischen Qualifikation besondere Fähigkeiten, wie sie Texter in Werbeagenturen und Kommunikationsagenturen – sogenannte Copywriter – auszeichnen, sowie ein Höchstmaß an interkultureller Kompetenz. Eine Transkreation ist demgemäß keine reine Wort-für-Wort-Übersetzung, sondern nimmt Bezug auf das branchenübliche Briefing, auf Englisch creative brief, das Grundlage jedes Werbetextes ist."

Meine Anmerkungen zu dieser Definition:

1. In Wikipedia wird Transkreation auf Werbung und Werbetexter beschränkt. Dies entspricht durchaus dem weit verbreiteten Verständnis innerhalb der Branche, sowohl auf Auftraggeber- als auch auf Übersetzerseite. Transkreative Arbeit ist jedoch meiner Erfahrung nach nicht nur für reine Werbetexte (Anzeigen, Broschüren und ähnliche Hochglanzprodukte) erforderlich, sondern *in allen Fällen, in denen ein Text übertragen werden soll, der für das Image einer Marke wichtig ist* (Praxisbeispiele dazu finden Sie im nächsten Kapitel). Die Grenzen sind mitunter fließend.
2. Der Eintrag in Wikipedia verweist auf die Notwendigkeit der interkulturellen Kompetenz. Dies greift insofern zu kurz, als gute transkreative Arbeit *ein Höchstmaß* an interkultureller Sensibilität erfordert. Ein Transkreativtexter muss in der Lage sein, sowohl in der Ausgangs- als auch in der Zielsprache *so zu fühlen und denken* wie der Empfänger der Botschaft. Die Ergänzung „ein Höchstmaß" an interkultureller Kompetenz ist daher nicht nur wichtig, sondern sogar zwingend notwendig.

Wann braucht man das?

Meiner persönlichen Definition zufolge ist Transkreation immer dann erforderlich, wenn der übertragene Text für das Image (und dadurch mittelbar oder unmittelbar für den Umsatz) des Auftraggebers wichtig ist. Transkreation betrifft also Texte, die „in das Markenkonto einzahlen", wie die Profis sagen. Gemeint sind damit Texte, die das Image einer Marke wesentlich fördern (bzw. bei Nichterfüllung nachhaltig schädigen) können. Die Marke kann dabei ein Produkt, eine Dienstleistung, ein Unternehmen oder eine Person sein – im Grunde alles, das sich verkaufen will. Und das möglichst gut.

Falls Sie meinen, man könne diese Textsorten einfach unter der Bezeichnung „Marketingtexte" zusammenfassen, gebe ich Ihnen prinzipiell recht.

Nur: Viele glauben zwar, sie wüssten, was ein „Marketingtext" ist, können den Begriff aber nicht konkretisieren. Daher mein Vorschlag, all jene Textsorten, die transkreativ zu bearbeiten (und zu vergüten) sind, anhand der gut verständlichen Maßstäbe *Image* (Sympathie, Bekanntheitsgrad) und *Umsatz* (Verkaufszahlen) zu veranschaulichen. Meist trifft nämlich beides zu – eine Imageverbesserung sollte über kurz oder lang auch zu einer Umsatzverbesserung führen.

Der Vorteil dieser Definition ist, dass nun jeder Übersetzungsauftrag dahingehend hinterfragt werden kann: Beeinflusst der Text das Image der Marke?

Wenn die Frage mit *Ja* beantwortet werden kann, sollte der Auftrag „Transkreation" (= Übersetzung + strategisch-kreative Überarbeitung) lauten, und nicht bloß „Übersetzung".

Einige Beispiele, die ich mit Ja beantworten würde:

- Pressemitteilungen zu neuen Produkt-/Serviceangeboten
- Unternehmensbroschüren
- Kundenzeitschriften
- Internetauftritte/Webseiten
- Fest-, Jubiläumsschriften
- Kommunikation von Unternehmen in den sozialen Medien
- Werbebriefe/Mailings
- Interne Kommunikation/Newsletter für Mitarbeiter
- Zeitschriftenbeiträge
- Stellenanzeigen, Lebensläufe
- Marketingteile in Sach-/Fachtexten
- Produktkataloge (außer reine Teilelisten)
- Plakate, Poster
- Vorträge, Reden
- ...

Ein weites Feld also, dabei ist die Liste bei weitem nicht erschöpfend. Sicher fallen Ihnen noch weitere Beispiele ein. Allen gemeinsam ist jedenfalls, dass sie durch eine entsprechend sensible und griffige Übertragung direkt oder indirekt das wirtschaftliche Wohlergehen des Auftraggebers fördern sollen.

Die meisten oben genannten Beispiele dürften selbsterklärend sein, andere sind vielleicht nicht ganz so eindeutig. Ich greife zur Illustration ein paar heraus:

Beispiel 1: Interne Kommunikation

Etwa eine Mitarbeiterzeitschrift eines internationalen Konzerns oder andere Aussendungen, die den Mitarbeiterinnen und Mitarbeitern verdeutlichen sollen, dass sie wichtig sind und geschätzt werden: Wer sich geschätzt fühlt, wird sich dem Unternehmen gegenüber loyaler verhalten und diese Wertschätzung auch an seine Kolleginnen und Kunden intern wie extern weitergeben.

Somit bedarf auch eine unternehmensinterne Kommunikation einer einfühlsamen Übertragung mit kultureller Kompetenz in mehrfacher Hinsicht: Kultur der ausgangssprachlichen Region, Kultur der zielsprachlichen Region, Kultur des Unternehmens. Dass die Notwendigkeit der transkreativen Übertragung gerade dieser Kommunikationstexte in ihrer Wichtigkeit häufig stark unterschätzt wird, bestätigen mir fortlaufend viele Aufträge, die ich eigentlich nur auf Tipp- und Grammatikfehler überprüfen soll, die aber letztlich umfassendes Neutexten erfordern.

Beispiel 2: Stellenanzeige

Ein hervorragendes Instrument, um als Unternehmen positive Imagepflege zu betreiben, sind Stellenanzeigen – sie sprechen auch Personen an, die nicht direkt an einem Stellenangebot interessiert sind und beeinflussen so das Image des Auftraggebers in der Wahrnehmung des Lesers. Es gibt sogar Texter, die sich eigens auf Personalanzeigen spezialisiert haben. Prägnante Formulierungen, die in Kurzform das Wichtigste gezielt auf den Punkt bringen, sind hier gefragt. Für den Transkreativtexter ist es dabei unerheblich, wie treffsicher der Ausgangstext formuliert ist, denn der Zieltext muss mitunter stark angepasst werden. Transkreative Expertise ist daher unabdingbar.

Beispiel 3: Zeitschriftenbeitrag

Die Autorin des Textes will sich profilieren, der Beitrag ist ein wichtiges Imageinstrument für ihre eigene Positionierung. Hier ist in der Übertragung daher hohe Sensibilität und gezielter Feinschliff, gepaart mit tiefem fachlichem Wissen gefragt. Eine sehr hochwertige Dienstleistung, die nicht zu unterschätzen ist. So ergibt sich auch, dass man sich als Transkreativtexter eine hervorragende Positionierung für sich selbst erarbeiten kann, wenn man sich auf ein bestimmtes Fachgebiet spezialisiert und in diesem Bereich auch formulierungssicher zu arbeiten versteht.

Zudem gibt es auch Aufträge, die verschiedenen Kategorien zuzuordnen sind. Ich fasse sie als **Mischtexte** zusammen:

Beispiel 4: Mischtexte

Es kommt durchaus vor, dass ein Fachtext auch Teile enthält, die auf knackige Formulierungen und Attraktivität für das Zielpublikum hin adaptiert werden müssen. Hier kann es sich lohnen, den Auftrag in einen rein fachlichen Teil (Fachübersetzung) und einen Image-Teil (Transkreation) zu gliedern. (Zur Honorarfrage siehe Kapitel 8).

Welche Textsorten fallen hingegen nicht in die Kategorie „Transkreation"?

Generell sind dies alle Texte, deren Hauptzweck nicht in der Imagepflege einer Marke besteht. Wiederum erkennen Sie derartige Texte am einfachsten daran, dass Sie die Entscheidungsfrage „Trägt der Text zum Image einer Marke bei?" mit „Nein" beantworten würden.

Beispiele

- Ausschreibungen/RFQ
- Patente
- Normen
- Juristische Texte (Gericht, Verträge, Gutachten, Gesetze…)
- Technische Texte (Gerätebeschreibungen, Bedienungsanleitungen…)
- Fondsprospekte
- standardisierte Anlegerinformationen
- Produktlisten, Teilelisten
- Geschäftsberichte, Jahresabschlüsse
- …

Grundsätzlich also alle Texte, in denen keine strategisch-kreative Überarbeitung erforderlich oder gar gewünscht ist. Auch hier ergänzen Sie die Liste bitte mit Ihren eigenen Beispielen.

Ist das sowas wie Texten?

Texten oder transkreatives Texten, Texter oder Transkreativtexter – worin liegt der Unterschied?

Ein **Texter** arbeitet ausschließlich in der Zielsprache, wobei er von der originären Entwicklung des Konzepts bis hin zum letzten Feinschliff den kompletten Prozess übernimmt. Er geht dabei von einem strategischen und kreativen Briefing aus, das ihn in der Gestaltung seines Endproduktes leitet: Was soll ausgesagt werden, wer ist die Zielgruppe, welche emotionale und rationale Reaktion soll im Adressaten ausgelöst werden, welche Eigenheiten sind zu beachten. Anhand dieses Briefings kreiert er einen Text von Null auf (mehr zum Briefing in Kapitel 3).

Ein **Transkreativtexter** hingegen hat die Aufgabe, einen bereits kreierten Text in eine andere Sprache zu übertragen, und zwar so, dass die Botschaft genau dieselbe rationale und emotionale Attraktivität vermittelt, wie dies in der Ausgangssprache der Fall ist. Das kreative Konzept an sich sollte dabei im größtmöglichen Maß gewahrt bleiben.

Damit dies gelingt, sind neben dem ebenfalls erforderlichen Briefing mehrere zusätzliche Schritte erforderlich, und der Prozess ist in mancherlei Hinsicht sogar komplexer und schwieriger als die Arbeit des reinen Texters.

Warum dies so ist, wird häufig nicht verstanden. Führt man sich jedoch den Prozess im Einzelnen vor Augen, wird man feststellen, dass es häufig schwieriger ist, etwas Vorgegebenes so zu übertragen, dass genau dieselbe Botschaft mit demselben Emotionsgehalt transportiert wird, genauso griffig und knackig für ein anderes Zielpublikum und außerdem noch passend zu einem vorgegebenen Bildmaterial, als einen Text mit freier Hand und ohne Bildvorgabe völlig neu aufsetzen zu dürfen.

Transkreation ist in mancherlei Hinsicht sogar komplexer und schwieriger als die Arbeit des herkömmlichen Texters.

Gerade diese Schwierigkeit wird von Auftraggebern häufig unterschätzt und ist ein Aspekt, der immer wieder klargestellt werden muss.

Am besten veranschaulichen Sie dies, indem Sie erklären, dass Transkreation einen zweifachen Aufwand darstellt, nämlich **zum einen die Arbeit des Übersetzers** und **zum zweiten zusätzlich noch die Arbeit eines Texters**. Dies schlägt sich auch in den Kosten nieder – es muss der Aufwand des Übersetzens *und* der Aufwand des Textens – bzw. des kreativen (Nach-) Schöpfungsprozesses – berücksichtigt werden.

Es muss der Aufwand des Übersetzens
***und* der Aufwand des Textens**
– des kreativen (Nach-)Schöpfungsprozesses –
berücksichtigt werden.

2 Häufige Problematik

Erfolg beruht nicht zuletzt darauf, ganz gewöhnliche Dinge außergewöhnlich gut zu tun.[4]

Übersetzung oder Transkreation?

Die größte Problematik, mit der ich in meiner Praxis konfrontiert bin, betrifft die Blauäugigkeit sowohl auf Auftraggeber- als auch auf Auftragnehmerseite, wenn es um „Übersetzungen" geht, die eigentlich der Kategorie *„Transkreation"* zuzuordnen sind.

Im ersten Kapitel habe ich unter „Transkreation – wann braucht man das?" bereits definiert, wann eine Transkreation erforderlich ist. Nämlich immer dann, wenn der übertragene Text für das Image des Auftraggebers wichtig ist.

Man bedenke: Image gehört für einen Auftraggeber zu seinem wichtigsten Kapital. Der Beitrag, den Sie als interkultureller Kommunikations- und Transkreationsexperte zum Aufbau bzw. zur Pflege dieses Image beitragen können, ist daher potenziell immens. Gleichermaßen kann jedoch der Beitrag, den ein minderqualifizierter Auftragnehmer zur Zerstörung des Image leistet, potenziell immensen Schaden anrichten. Letzteres ist vor allem dann der Fall, wenn Auftraggeber sich nicht im Klaren sind, was eine „Übersetzung" von einer „Transkreation" unterscheidet.

Es wäre in meinen Augen ein wichtiger Auftrag der verschiedenen Übersetzerverbände, diesen Unterschied hervorzuheben. Auch Übersetzungsagenturen sollten ihre Projektmanager dahingehend schulen. Bedauerlicherweise geschieht dies derzeit noch viel zu wenig. Aber vielleicht kann dieses Buch zu einem Umdenken beitragen? Ich hoffe es.

4 Meine Philosophie. Stammt angeblich von Rockefeller.

Gleichermaßen kann jedoch der Beitrag, den ein minderqualifizierter Auftragnehmer zur Zerstörung des Image leistet, potenziell immensen Schaden anrichten.

Es ist ein häufiger, selbst unter Fachübersetzern weit verbreiteter Irrglaube, ein Transkreationsauftrag gehe genauso schnell von der Hand wie eine Fachübersetzung. Fachübersetzer sind es gewohnt, dass jemand, der auf einen bestimmten Bereich spezialisiert ist, einen Text rasch und gut bearbeiten kann, da diese Person ja „vom Fach" ist.

Dabei wird übersehen, dass eine Spezialisierung auf Transkreation nicht gleichzusetzen ist mit einer Spezialisierung auf ein bestimmtes Fachgebiet.

Eine fachliche Spezialisierung ist für Transkreativtexter in der Regel eine Zusatzqualifikation. Sie ist auf jeden Fall empfehlenswert, um gute Transkreationen liefern zu können – man formuliert einfach besser und gezielter, wenn man weiß, wovon man schreibt. Doch Transkreation ist immer ein mehrstufiger, umfassender Prozess, der eben eine gewisse Zeit braucht, und zwar *zusätzlich* zur eigentlichen Übertragung von einer Sprache in eine andere.

Ein Beispiel: Nehmen wir an, Sie sind auf das Fachgebiet IT, insbesondere Datenbanksysteme spezialisiert. Die größte Schwierigkeit eines Fachtextes in diesem Bereich liegt hier in der Beherrschung der Fachterminologie sowie in ausreichenden Kenntnissen wesentlicher Konzepte. Wenn Sie diese Fachterminologie beherrschen und mit den betreffenden Konzepten vertraut sind, wird Ihnen der Text meist gut und zügig von der Hand gehen.

Wenn Sie auf Transkreation spezialisiert sind und einen image-sensiblen Text zu bearbeiten haben, ist nicht die Fachterminologie der größte Aufwand, sondern der strategisch-kreative Prozess, den Sie jedes Mal wieder, und zwar für jeden einzelnen Text aufs Neue durchlaufen müssen. Etwaige vorkommende Fachterminologie sowie kundenspezifische Terminologie müssen Sie zwar ebenso beherrschen (oder recherchieren), aber um den Prozess der Transkreation kommen Sie trotzdem nicht herum, aller fachspezifischen und fachterminologischen Expertise zum Trotz.

Wie dieser Prozess konkret aussieht, erfahren Sie in den nachfolgenden Kapiteln.

Eine Spezialisierung auf Transkreation ist *nicht* gleichzusetzen mit einer Spezialisierung auf ein bestimmtes Fachgebiet.

Übersetzung von Marketingtexten

Zusätzliche Verwirrung stiftet außerdem die häufig verwendete irrige Bezeichnung „Übersetzung von Marketingtexten", wenn eigentlich Transkreationsarbeiten gemeint sind. Wenn es um Marketing*fach*texte geht, und der Übersetzer ist auf Marketing als Fachgebiet spezialisiert, beherrscht er die Fachterminologie und ist mit den Konzepten des Marketings vertraut. Somit kann er davon selbstverständlich gerne eine *Fach*übersetzung anfertigen, selbstverständlich zu seinem üblichen *Fach*übersetzerhonorar.

Wenn mit „Übersetzung eines Marketingtexts" jedoch Transkreation gemeint ist, was meiner Erfahrung nach in mindestens 90 % aller Fälle zutrifft, sieht die Sache ganz anders aus, denn hier geht es eben nicht bloß um Fachterminologie und Fachkenntnisse, sondern zusätzlich auch um Erfahrung in der Transkreation von Texten sowie um den Aufwand des strategisch-kreativen Prozesses, der bei einer Transkreation unumgänglich ist.

Sicherlich haben Sie als Übersetzer schon Anfragen erhalten, bei denen Sie gebeten werden, einen Text zu „übersetzen", zum normalen Übersetzungstarif versteht sich, der in die Kategorie „Transkreation" fällt (siehe die erläuternden Beispiele in Kapitel 1). Die Gründe, warum derartige Arbeiten vom Aufwand her häufig falsch eingeschätzt werden, lassen sich wie folgt zusammenfassen:

Probleme auf Auftraggeberseite

- man weiß es selbst nicht besser (der Prozess wird unterschätzt)
- man „probiert" es (vielleicht kann ich etwas billig ergattern)

Probleme auf Auftragnehmerseite

- man weiß es selbst nicht besser (der Prozess wird unterschätzt)
- man versteht sich nicht als Aufklärer, sondern macht, was einem aufgetragen wird (man ist verhandlungsscheu)

Die Schwierigkeit für Auftragnehmer (Transkreativtexter) liegt darin, sich zunächst selbst darüber im Klaren zu sein und anschließend dem Kunden ausreichend nachvollziehbar darzulegen, dass Sie als Transkreativtexter *zusätzlich* zur eigentlichen Übersetzung an sich (d. h. der inhaltlich und grammatikalisch korrekten Übertragung von einer Sprache in die andere) außerdem denselben strategisch-kreativen Prozess durchlaufen müssen wie der Autor in der Ausgangssprache, um in den richtigen Bahnen zu denken und die adäquate Überarbeitung in Angriff zu nehmen.

Oft ist dem Kunden nicht klar, dass es Unterschiede gibt; vor allem ist oft nicht klar, dass nicht jeder Übersetzer eine Transkreationsleistung erbringen kann bzw. will. Häufig habe ich von Übersetzern das Argument gehört: „Ja, das kann der Kunde doch nicht von mir erwarten!" Ich sage: Doch, kann er. Es liegt an Ihnen selbst, den Kunden zum einen über die Unterschiede aufzuklären und zum anderen darauf hinzuweisen, ob Sie selbst Transkreativleistungen erbringen. Wenn diese nicht zu Ihrem Leistungsportfolio gehören, verweisen Sie ihn am besten an Kolleginnen und Kollegen, die Sie in diesem Bereich empfehlen. Damit beweisen Sie professionelle Beratungsqualität auf höchster Ebene, der Kunde wird Ihnen dankbar sein und Sie in Zukunft gezielter mit jenen Aufträgen betrauen können, die zu Ihrer Expertise passen.

Gezielte Argumentationshilfen zur Aufklärung darüber, worin der Aufwand besteht, worin die Schwierigkeiten liegen und welche Erfahrung und Expertise erforderlich sind, um gute transkreative Leistungen zu erbringen, finden Sie in Kapitel 8 *Wie beantworte ich Anfragen*.

Die Schwierigkeit liegt darin, Kunden davon zu überzeugen, dass Transkreativtexter zusätzlich zur eigentlichen Übersetzung an sich außerdem denselben strategisch-kreativen Prozess durchlaufen müssen wie der Autor in der Ausgangssprache.

3 Angeborenes Talent oder erlernbare Technik?

Kreativität und Disziplin
lassen sich nicht trennen.[5]
(Michael Schirner)

Inspiration vs. Transpiration

„Man muss weder genial noch verrückt sein, um kreative Ideen zu produzieren. Es reicht, in Grundzügen über kreatives Denken Bescheid zu wissen."[6] Das postulieren etwa die Innovationstrainer Jiri Scherer und Chris Brügger.

Oder auch:

Die beste Methode eine gute Idee zu haben, ist viele Ideen zu haben.[7]

Griffige Texte sind das Ergebnis knochenharter Arbeit, da herrscht unter den Experten absolute Einigkeit. Jeder Kreativtexter, aber auch jeder gefeierte Musiker, jeder Ausnahmesportler, jedes „Wunderkind" wird bestätigen, dass Spitzenleistung vor allem harte, disziplinierte Arbeit voraussetzt und nur im untergeordneten Maß eine naturgegebene Begabung ist.

So betrachtet der bereits erwähnte Autor Jiri Scherer Kreativität denn auch als etwas, das regelmäßiges Fitnesstraining verlangt:

Kreativität ist wie ein Muskel, je öfter Sie Ihre Muskeln trainieren, desto stärker werden sie.[8]

---

5 www.slogans.de/magazine.php?Op=Quotes&Site=6

6 Brügger, Scherer, 2014, Klappentext. Verlag GABAL, 2. Auflage, 2015

7 ibid, S. 38

8 Scherer: 2012, S. 11

Andere setzen die klassische Pareto-Regel an und bezeichnen die Arbeit als Mixtur aus 20 % Inspiration und 80 % Transpiration. Mitunter verschieben sich die Verhältnismäßigkeiten sogar bis hin zu 99 % Transpiration vs. 1 % Inspiration.

Unabhängig davon, wie man sich die Verteilung der Arbeit vorstellt: Gemeinsam ist allen Aussagen, dass sie „griffig schreiben" überwiegend als Frage von Schweiß und Disziplin betrachten.

„Griffig schreiben" ist überwiegend eine Frage von Schweiß und Disziplin.

Wenn Sie bereit sind, dies zu akzeptieren, sind Sie auf einem guten Weg zum erfolgreichen Transkreativtexter: Auch wenn Sie ein kreativer Geist sind, muss Ihnen klar sein, dass Ihre Transkreationsleistungen viel Zeit kosten können, bis Sie letztlich ein befriedigendes Endergebnis in Händen halten.

Wie bereits erwähnt ist gute Schreibe zu einem zumindest nicht unerheblichen Teil jedoch auch eine Frage der Inspiration.

Duden[9] definiert Inspiration wie folgt:

1. (bildungssprachlich) schöpferischer Einfall, Gedanke; plötzliche Erkenntnis; erhellende Idee, die jemanden, besonders bei einer geistigen Tätigkeit, weiterführt; Erleuchtung, Eingebung
2. (besonders Medizin) das Einatmen

Von der medizinischen Bedeutung des Einatmens abgesehen – obwohl auch diese durchaus relevant sein kann (siehe Kapitel 3, Das Brainstorming) – geht es also um einen *schöpferischen Einfall, eine erhellende Idee, die einen weiterführt*.

Wie gelingt es aber, möglichst gut und gezielt zu einem solch schöpferischen, erhellenden Einfall zu kommen? Wie kommt ein strategisch relevanter,

9 www.duden.de

emotional inspirierender und rational zugkräftiger, sprich „griffiger" Text (oder gar Slogan) zustande?

Fabuliert und improvisiert man einfach drauf los, oder steckt da mehr dahinter?

Natürlich steckt da viel mehr dahinter: Nichts braucht mehr Vorbereitung als die Improvisation – das ist unter Textern eine alte Weisheit. Man muss sich das als Prozess vorstellen, bestehend aus einer Reihe verschiedener Elemente, die je nach Situation (Kontext) eingesetzt werden. Die wesentlichen Elemente dieses Prozesses beschreibe ich für Sie im Folgenden:

Das Briefing

Zunächst einmal benötigen Sie ein gründliches **Briefing**. Was für Auftraggeber bei der Zusammenarbeit mit Werbe- und PR-Agenturen meist selbstverständlich ist, wird bei der Arbeit mit Transkreativtextern häufig ignoriert oder übersehen (siehe hierzu auch Kapitel 2 – Häufige Problematik).

Die Strategieberaterin Nina Rieke etwa schreibt dazu unter „Alles braucht einen Anfang":

> Ein Briefing ist vor allem eine Klärung von Erwartungshaltungen und eine Arbeitsbasis. Aus Erfahrung wissen Kunden und Agenturen, dass Zusammenarbeit und Arbeitsverlauf oft schwierig sind, wenn Erwartungen nicht klar formuliert wurden.[10]

Ein Briefing ist also eine Arbeitsbasis, die Erwartungen klärt und Richtungen vorgibt. Diese Klärung ist deshalb so wichtig, da gute Transkreationen nicht auf Knopfdruck und schon gar nicht ohne entsprechende Hintergrundinformationen in einem kontextlosen Vakuum produziert werden können. Auch die begnadetste und erfahrenste Texterin benötigt ein entsprechendes Briefing, um überhaupt erst mit dem Denken anzufangen – und vor allem, um in die richtige Richtung zu denken.

10 Rieke: 2011, S. 143

Bitten Sie den Kunden daher unbedingt um ein strategisches Kreativbriefing, so wie er es auch Textern zur Verfügung stellen würde. Ist ein Briefing nicht erhältlich, fragen Sie nach der Botschaft, die vermittelt werden soll, der Zielgruppe, wo der Text erscheinen wird sowie nach dem zugehörigen Bildmaterial („Visuals"). Oder schicken Sie dem Kunden Ihr eigenes Formular zu – ein mögliches Muster dafür finden Sie im Folgenden.

Ich empfehle nachdrücklich, keine Transkreationsaufträge ohne ein entsprechendes Briefing anzunehmen.

Das hat zwei Gründe: Erstens brauchen Sie das Briefing, um in den richtigen Bahnen zu denken, und zweitens dient das Briefing als objektive Grundlage für die spätere Beurteilung Ihrer Arbeit.

Denn woran wollen Sie Ihre Leistung letztlich bemessen wissen – am subjektiven Empfinden des Auftraggebers oder im Hinblick auf die (objektiv nachlesbaren) strategischen Vorgaben? Demzufolge gibt es auch kein aus dem Bauchgefühl heraus entstandenes „gefällt mir nicht" des Auftraggebers, sondern nur objektive Anmerkungen: Ob nämlich das Getextete den im Briefing beschriebenen Vorgaben entspricht oder nicht.

Generell sollte ein Briefing das Unternehmen/das Produkt/die Markenpersönlichkeit beschreiben (**aktueller Zustand**), und was man mit dem beauftragten Text erreichen möchte (**gewünschter Zustand**).

Der deutsche Verband der Kommunikationsagenturen (GWA)[11] fasst dies in Frageform zusammen:

- *Wer* sind wir?
- *Wo* stehen wir?
- *Wohin* wollen wir?

Diese Fragen geben eine grobe Orientierung vor. Ich empfehle allerdings, eingehendere Informationen einzuholen und bei Transkreationsaufträgen ein Briefing mit folgenden Punkten anzufordern:

---

11 Der GWA bietet auf seiner Website (www.gwa.de) auch Muster-Briefings in Form von ausführlichen Checklisten an.

Muster-Briefing für Transkreationsaufträge

1. Hintergrundinfo zum Unternehmen und dem Projekt
2. Welches Produkt bzw. welche Dienstleistung wird präsentiert?
3. Wer sind die (größten/wesentlichen) Wettbewerber?
4. Wie lautet die Quintessenz der Marke (Markenpersönlichkeit)?
5. Wofür soll die Marke stehen (mentale Positionierung)?
6. Welche Zielgruppe(n) möchten wir erreichen?
7. Welche Gedanken/Gefühle/Aktionen soll der Text auslösen?
8. Gewünschte Tonalität des Textes?
9. Wo/in welchen Medien wird der Text veröffentlicht?
10. Visuals (beschreiben oder beifügen)
11. Erklärung von Wortspielen/Jargon/Anspielungen im Originaltext
12. Relevante Websites/Referenzmaterial

Falls es schwierig sein sollte, ein derartiges Briefing einzuholen, empfehle ich folgende Argumente vorzubringen:

Argumente zur Untermauerung, warum ein Briefing notwendig ist

- **Ich bin eine professionelle Texterin!**
  Abgesehen von der Fremdsprachen- und Übersetzungskompetenz ist die Arbeit eines ***Transkreativtexters*** **vergleichbar mit der eines** ***Texters*** in einer PR- oder Werbeagentur.
- **Ist es Ihnen wichtig, dass die Botschaft richtig ankommt?**
  Um einen image- bzw. umsatzförderlichen Text entwickeln zu können, benötigt der Transkreativtexter eine ganz **klare Vorstellung von der Botschaft**, die vermittelt werden soll. Der Originaltext allein gibt zwar Anhaltspunkte, reicht aber häufig nicht aus.
- **Lieber klar oder bloß schwammig?**
  Um eine klare Vorstellung der Intentionen vor dem geistigen Auge zu haben, benötigt der Transkreativtexter **möglichst viel Hintergrundinformation** (siehe Muster-Briefing auf der vorhergehenden Seite).
- **Entweder professionell oder gar nicht.**
  Jeder professionelle Texter würde den Auftrag **ohne diese Informationen als unprofessionell** ablehnen. Dasselbe gilt für den Transkreativtexter.

Sollte der Kunde für diese Argumente nicht ausreichend zugänglich sein, empfehle ich folgende Zusammenhänge klarzustellen:

Je mehr Informationen geliefert werden,

- **desto besser** ist das Ergebnis,
- desto **zügiger** geht die Arbeit vonstatten,
- desto **niedriger** sind die Kosten.

Das heißt: Je besser das Briefingmaterial, das ich bekomme (mehr Informationen), desto besser bin ich in der Lage, die gewünschte Botschaft zu verstehen und griffig wiederzugeben (besseres Ergebnis). Je weniger Zeit ich für Recherchen und Ratespiele aufwenden muss (zügigere Arbeit), desto weniger Stunden/Zeitaufwand muss ich letztlich in Rechnung stellen (niedrigere Kosten).

Besser und günstiger ist eine Kombination, der kaum ein Kunde widerstehen kann. Oder Sie zitieren den legendären britischen Werbe-Guru David Ogilvy:

> The more you know about [the product], the more likely you are to come up with a big idea for selling it.[12]

Je mehr Sie also über das Produkt wissen, desto eher werden Sie dazu die zündende Formulierungsidee finden.

Der norwegische Kommunikationsexperte Ingebrigt Steen Jensen sieht es vor allem sportlich:

> Je deutlicher die Rahmen, desto leichter der Schaffensprozess. Je klarer die Prinzipien dafür, wie wir segeln müssen, desto leichter stehen wir am Ruder oder klettern den Mast hinauf, um das Großsegel zu setzen.[13]

Wenn der Kunde nach all diesen Argumenten immer noch nicht zu überzeugen ist, rate ich Ihnen eindringlich, den Auftrag aus Gründen der Professionalität abzulehnen. Er könnte sonst leicht zum Bumerang werden und Ihrem eigenen Image als Profi irreparablen Schaden zufügen.

12 Ogilvy: 1985, S.11

13 Steen Jensen: 2002, S. 87; meine Übersetzung

Und wenn Sie selbst Auftraggeber sind: Ich hoffe, Ihnen ausreichend dargelegt zu haben, wie wichtig ein möglichst präzises Briefing ist – im Sinne der Sicherstellung optimaler Ergebnisse. Es ist ganz in Ihrem eigenen Interesse, den Transkreativtexter auf die richtige Schiene zu setzen. Denn auch wenn Ihnen die Arbeit des Briefings lästig oder aufwendig erscheint – die Ergebnisse werden umso besser. Sie sparen letztlich wertvolle Zeit, Kosten und Nerven.

Zauberformel: Je besser das Briefing,
desto besser die Transkreation.

Hinweis zur Arbeit mit Werbeagenturen

Werbeagenturen wissen, welche Voraussetzungen erfüllt sein müssen, um gute kreative Arbeit zu leisten. Allerdings stehen auch sie zunehmend unter Kostendruck, weshalb bisweilen versucht wird, die Übersetzung und Adaption von Werbe-/PR-Texten bei (naiven oder verhandlungsscheuen) Übersetzern billig einzukaufen. Aber jetzt haben Sie dieses Buch und dessen Argumentationshilfen. Bestehen Sie auch hier auf einer Abrechnung nach Zeitaufwand oder Projektpreisen. Agenturen sind dies gewohnt und rechnen mit ihren Kunden in der Regel ebenfalls so ab.

Eine Ausnahme stellen Fälle dar, in denen die Agentur tatsächlich „nur" eine Übersetzung haben möchte, die von den eigenen Kreativen weiter bearbeitet wird. Klären Sie also unbedingt im Vorfeld, ob die Agentur eine fertige Copy benötigt (Zeitaufwandshonorar) oder eine nah am Original gehaltene Übersetzung zur Weiterbearbeitung durch ihre eigenen Kreativen (normales Übersetzungshonorar). In letzterem Fall ist es nicht notwendig, sich über clevere Wortspiele, kulturelle Anspielungen oder besondere Realien den Kopf zu zerbrechen, sondern man erklärt ganz einfach, worin das Wortspiel, die Anspielung oder die kulturelle Besonderheit besteht. Damit ist denjenigen, die diesen Text für die Zielregion adaptieren sollen, am besten und sinnvollsten geholfen.

Klären Sie im Vorfeld, ob die Agentur eine fertige Copy benötigt (*transkreatives Zeitaufwandshonorar*) oder eine nah am Original gehaltene Übersetzung zur Weiterbearbeitung durch ihre eigenen Kreativen (*normales Übersetzungshonorar*).

Fragen über Fragen

Nur wer relevante Fragen stellt, erhält auch relevante Antworten. Dies ist eine gängige, wenn auch viel zu oft vernachlässigte Weisheit und erklärt etwa auch die Wichtigkeit des Briefings. Nur wer fragt, gewinnt. Zumindest wenn man es versteht, die richtigen Fragen zu stellen.

Die richtigen Fragen zu stellen ist sogar die Grundlage nahezu jedes Geniestreichs. Albert Einstein etwa wird der legendäre Ausspruch zugeschrieben: „Wenn ich nur eine Stunde Zeit hätte, um die Welt zu retten, würde ich die ersten 55 Minuten dafür verwenden, die richtigen Fragen zu formulieren. Wenn ich nämlich die richtigen Fragen kenne, könnte ich das Problem in weniger als 5 Minuten lösen."

Hochkreative, innovative Menschen suchen demnach nicht in erster Linie nach einer möglichst schnellen Lösung, sondern konzentrieren sich darauf, die Aufgabenstellung zu erfassen, zu hinterfragen und für sich selbst neu zu formulieren. Dabei wird die Thematik aus verschiedenen Blickwinkeln analysiert, um die zugrundeliegenden Gedanken in größtmöglicher Breite und Tiefe zu erfassen.

Auf die Aufgabe der Transkreation übertragen bedeutet dies einerseits, die Fragen aus dem Briefing geklärt zu haben, andererseits aber auch, dass ich alles – und zwar wirklich alles –, was ich als beauftragte Mittlerin selbst nicht verstehe, so sehr ich den Ausgangstext auch drehe und wende, durch entsprechendes Fragen, das heißt durch Recherchen und/oder mit dem Autor des Textes kläre.

Eine wichtige Frage gerade im Transkreationsbereich ist auch, wie viel Sie von der Ausgangskultur transportieren möchten. Dies ist eine strategische

Frage, die Sie stellen und mit dem Kunden klären müssen, da sich der Kunde selbst in der Regel gar nicht im Klaren ist, dass dies überhaupt ein Thema sein kann. Ist es zum Beispiel relevant, bewusst ein „American Way of Life" oder ein französisches Savor-Vivre oder einen schrägen britischen Humor zu transportieren? Machen ausgangskulturelle Elemente, geschickt verpackt, den Text und die Botschaft glaubwürdiger? Oder wirkt der Text besser, oder nachhaltiger, wenn Sie ihn komplett an die Zielkultur anpassen?

Indem Sie durch gezielte Fragen ein tieferes Verständnis für die Thematik entwickeln, fallen Ihnen viel eher effektive und innovative Möglichkeiten zu deren Lösung ein. So kommt es, dass zielsprachliche Versionen mitunter sogar klarer und besser formuliert sind als die Ausgangstexte selbst. Und zwar weil Sie als Profi den Mut hatten und sich die Zeit genommen haben, die richtigen Fragen zu stellen. Probieren Sie's aus!

Indem Sie durch gezielte Fragen ein tieferes Verständnis für die Thematik entwickeln, fallen Ihnen viel eher effektive und innovative Möglichkeiten zu deren Lösung ein.

Recherchen

Wenn nun das Briefing eingeholt ist, alle vorab bestehenden Fragen geklärt und alle nötigen Vorinformationen vorhanden sind, um das Gehirn gezielt auf die Situation zu programmieren, geht es an die Recherchen.

Unter Recherchen verstehe ich zum einen das Sammeln von Informationen im Internet und in relevanten (Fach-)Magazinen, um sich ein Bild vom Markt und vom Wettbewerb zu machen. Ich nutze diese Recherchen aber auch, um griffige Bilder und Formulierungen in einer projektbezogenen „Kladde" (elektronisch oder auf Papier) festzuhalten. Sie inspirieren mich zum Weiterspinnen und sind hilfreich, um mich in meiner Transkreationsarbeit besser vom Ausgangstext zu lösen. Tipp: Bewahren Sie diese Kladden auch auf, Sie können auch bei späteren Projekten noch sehr hilfreich sein.

Gezielt zu recherchieren ist etwas, was man leicht in Workshops und Webinars erlernen kann. Möglichst viele Quellen zu nutzen ist meist sinnvoll, eine allein ist selten zuverlässig genug. Wer mehrere Sprachen spricht, hat zudem den Vorteil, sich Anregungen auch aus anderen Sprachen holen zu können, die in einem konkreten Projekt weder Ausgangs- noch Zielsprache sind.

Mit diesen gesammelten Informationen in Kopf und Kladde geht es nun weiter zum nächsten Schritt, dem *Brainstorming*. Dieser ist für reine PR- oder journalistische Texte in der Regel zwar weniger relevant, bei hochkreativen (werblichen) Aufträgen jedoch unabdingbar:

Das Brainstorming

Sie haben das Briefing verinnerlicht und sich durch Recherchen informiert und inspirieren lassen. Die Weichen sind somit optimal gestellt, um „in den richtigen Bahnen" zu denken und sich dem wohl bekanntesten Kreativprozess zu widmen, dem *Brainstorming*.

Wie läuft so ein Brainstorming ab?

Brainstorming ist im Grunde nichts anderes als inszenierte, inspirierte Improvisation. Neuerdings wird daher auch gern von *„Brainsteering"* gesprochen, um den Aspekt der Steuerung zu betonen[14]. Ob Sie das Stürmen und Steuern nun im Team durchführen oder für sich allein, ist in der Regel weniger wichtig. Ein Team ist zwar toll, aber nicht immer praktikabel. Wichtig ist, dass man fokussiert und dennoch völlig offen arbeitet:

Lassen Sie zunächst alle spontanen Ideen zu und halten Sie diese schriftlich fest. Eins ergibt das andere, dabei ist es unerheblich, ob es sich um ganze Gedanken, einzelne Wörter, Phrasen oder Sätze handelt. Alles ist möglich. Es gibt nichts, was nicht erlaubt ist. Je freier Sie assoziieren, desto besser.

---

14 Siehe z. B.: www.mckinsey.com/insights/strategy/seven_steps_to_better_brainstorming

Bedenken Sie dabei: Niemand kann immer kreativ sein. Kreativität ist auch ein Prozess. Zwischendurch muss man sich den Kopf frei machen[15], wenn man das Gefühl hat, nicht mehr weiterzukommen. Sei es, dass Sie eine Runde laufen gehen, spazieren, singen, Yoga machen, kochen, ein Regal aufräumen, mit wildfremden Leuten ein Gespräch anfangen – im Grunde hilft alles, was die Routine durchbricht.

Brainstorming ist im Grunde nichts anderes als inszenierte, inspirierte Improvisation.

Rechnen Sie damit, viele Ideen entwickeln und viele letztlich wieder verwerfen zu müssen. Denn wie schon eingangs gesagt: Für *eine* gute Idee benötigt man erst einmal viele Ideen.

Erlauben Sie sich, zu spielen, freuen sie sich darüber, Gedanken freien Lauf lassen zu können, ohne sich zu hemmen oder verklemmen. Wenn Sie das für kindisch halten, liegen Sie genau richtig. Denn: Spielen ist eine Tätigkeit, die man gar nicht ernst genug nehmen kann. Eine Maxime vieler innovativer Menschen.

David Ogilvy etwa sah das so:

Große Ideen entspringen dem Unterbewusstsein. Das gilt für die Welt der Kunst, der Wissenschaft und der Werbung. Doch Ihr Unterbewusstsein muss gut informiert sein, sonst bleibt Ihre Idee irrelevant. Füttern Sie Ihr Unterbewusstsein mit Informationen und setzen Sie dann Ihren rationalen Denkprozess in Gang. Hilfreich für diesen Prozess kann es sein, einen langen Spaziergang zu machen, ein warmes Bad zu nehmen oder ein Glas Rotwein zu trinken. Plötzlich, wenn die Telefonleitung aus Ihrem Unterbewusstsein offen ist, steigt eine große Idee in Ihnen auf.[16]

Um die besagte zündende Idee für die griffigste Formulierung zu finden, versuchen Sie nun, die vielen gesammelten Ideen zu strukturieren, zusammenzufügen, umzustellen, und auszusortieren. Dazu gibt es viele mögliche kreative Techniken, strategische Überlegungen und transkreative Herangehensweisen.

---

15 Sie erinnern sich an die zweite Definition von „Inspiration", das Einatmen? Kreativität bedarf durchaus eines tiefen Durchatmens, im wörtlichen wie im übertragenen Sinn.

16 Ogilvy: 1985, S.16. Meine Übersetzung.

Welche für die Arbeit des Transkreativtexters am relevantesten sind, erfahren Sie nun in den anschließenden Kapiteln.

4 Der Mythos Kreativität

Man kann sich den Weg in den
Kopf des Konsumenten nicht erzwingen.
(Al und Laura Ries)[17]

Wie funktioniert Kreativität?

Vorweg: Die Aufgabe eines Transkreativtexters ist nicht vorrangig die, einen Text komplett neu zu kreieren. Allein die Bezeichnung „transkreativ" drückt aus, dass die Leistung eine Übertragung (*„trans"*) beinhaltet, diese jedoch naturgemäß – bedingt durch die unterschiedlichen sprachlichen und kulturellen Besonderheiten der jeweiligen Ausgangs- und Zielsprachen – einen gewissen Grad an „Kreativität" impliziert.

Eine komplette Neukonzeption ist zwar mitunter erforderlich, dabei handelt es sich aber um einen wesentlich umfassenderen Prozess, den ich hier nur der Vollständigkeit halber erwähne:

Beim Prozess einer Neukonzeption wird zusätzlich zum ausführlichen Kundenbriefing häufig auch (primäre und sekundäre) Marktforschung durchgeführt und analysiert. All diese Informationen werden von der Abteilung oder dem Spezialisten für Strategische Planung ausgewertet. Daraus wird das strategische Konzept entwickelt, auf dessen Basis das Kreativteam das kreative Konzept erarbeitet. Erst dann beginnt der eigentliche Kreativprozess.

Vom Transkreativtexter wird diese Leistung der kompletten Neukonzeption grundsätzlich nicht erwartet und ist oft auch gar nicht erwünscht. Sollten Sie der Meinung sein, dass ein Ausgangstext in der Zielkultur vom Grundansatz her nicht funktioniert oder gar einen unerwünschten Effekt hätte, besprechen Sie dies mit Ihren Kunden. Wenn Sie selbst die Kapazitäten haben, um

17 Ries & Ries:2002, S. 239, meine Übersetzung

einen Text komplett neu aufzusetzen, bieten Sie dem Kunden diese Leistung an. Als Alternative können Sie vorschlagen, eine Übersetzung anzufertigen, die der Werbe- oder PR-Agentur Ihres Kunden in der Zielregion zu Informationszwecken dient. Dies ist zum Beispiel dann sinnvoll, wenn die Agentur die Ausgangssprache nicht beherrscht. Bieten Sie für den Prozess der Neukonzeption gerne auch Ihre Leistungen als interkultureller Berater an. Immerhin kennt sich kaum jemand so gut mit den unterschiedlichen kulturellen und sprachlichen Eigenheiten sowohl der Ausgangs- als auch der Zielsprache aus wie Sie.

Die Leistung der Neukonzeption ist aber, wie gesagt, nicht das Thema des vorliegenden Buches. Hier möchte ich den Fokus auf die Leistung der Transkreation – der interkulturell adaptierenden Übertragung imagesensibler Texte – halten.

Doch zurück zur Kreativität, die Gegenstand dieses Kapitels ist: Sie spielt in der Transkreation im eigentlichen Sinne (also im Sinne der adaptiven Übertragung statt Neukreation) eine zwar wesentliche, aber dennoch untergeordnete Rolle. Wichtiger sind die Disziplin und die Bereitschaft, umfassende Recherchen zu betreiben und einen Text immer noch griffiger gestalten zu wollen. Diese Disziplin ist die unabdingbare Voraussetzung für „Kreativität", so widersprüchlich dies auf den ersten Blick auch klingen mag.

Aber Kreativität und Disziplin lassen sich nicht trennen, das wissen Sie aus früheren Kapiteln bereits. Auch in der Kreativität gibt es daher zahlreiche „Techniken", die in Büchern und Workshops gelehrt und geübt werden. Ich selbst habe mich wesentlich mehr mit den strategischen Aspekten der Markenpositionierung und Verbraucherpsychologie beschäftigt als mit Fortbildungen in Kreativitätstechniken.

Auch Jean-Remy von Matt, einer der bekanntesten Werbetexter im deutschen Sprachraum und Mitbegründer der Hamburger Werbeagentur Jung von Matt, bevorzugt das „ungezielte" Arbeiten, wie er in einem Interview erklärt:[18]

---

18 Interview auf dem Online-Portal der Schweizer Kommunikationswirtschaft: www.persoenlich.com/sites/default/files/interviews34.pdf.

Frage: Gibt es eine Gedankentechnik, die Sie anwenden, um auf Ideen zu stoßen?

Von Matt: Es gibt ja Kreativtheoretiker, die derlei propagieren. Bei mir hat sich aber das ungezielte Vorgehen bewährt. Darum habe ich meine Arbeitsweise nie hinterfragt. Ich nehme ein Blatt, beginne zu malen, und habe ich einige Blätter vollgekritzelt, werte ich sie nach Brauchbarem aus. Auch wenn was dabei ist, mache ich weiter, es könnte noch was Besseres folgen. So gebäre ich auf eigentlich naive Weise Ideen wie vor 20 Jahren, als ich als Texter begann.

Manchmal funktioniert Kreativität eben *so*. Aber was hier wunderbar einfach und verspielt klingt, folgt ebenfalls bestimmten Spielregeln, der kreative Rahmen, um nicht völlig planlos herumzukritzeln, ist vorgegeben und auch Herr von Matt hat ihn zuerst verinnerlicht, bevor er loslegt[19]. Andererseits braucht auch er, der hochbegabte und erfahrene Experte, viel Zeit und Experimentierfreudigkeit und gibt sich nicht schnell zufrieden.

Auch jeder Texter hat gewisse Kreativitätstechniken so verinnerlicht, dass er sie jederzeit unbewusst oder auch bewusst abrufen kann. Dies ist in der transkreativen Arbeit ganz genauso, auch hier haben verschiedene Kreativitätstechniken ihren Platz, bei den einen mehr und bei anderen weniger.

Dies liegt meines Erachtens daran, wie man seinen eigenen Schwerpunkt setzt. Kreativität ist wichtig, aber wenn sie strategisch nicht vollkommen auf Schiene ist, hilft alle Kreativität in der Regel nichts. Oder, um mit Al und Laura Ries zu sprechen: *Kreativität gewinnt Preise, aber gewinnt sie auch Kunden?*[20]

Das führt zu der Frage: Wie möchten Sie arbeiten? Eher kreativ? Eher strategisch? Beides? Was spricht für das eine, was für das andere? Oder für beides?

19 Siehe hierzu auch Kapitel 2 - Angeborenes Talent oder erlernbare Technik

20 Variante der provokanten Frage: Creativity wins awards, but does it also win sales? Ries & Ries: 2002, S. 27.

Kreativ oder strategisch

In jedem Werbeprogramm ist das schwächste Glied die Glaubwürdigkeit. Eine Werbebotschaft wird vom durchschnittlichen Empfänger kritisch aufgenommen. Werbung wird als das empfunden, was sie ist – eine keineswegs objektive Botschaft, bezahlt von einem Unternehmen, das ein eigennütziges Interesse daran hat, was der Konsument konsumiert.[21]

„Glaubwürdigkeit" ist also das oberste Gebot – und das nicht nur in der Werbung, sondern in allen Texten, die direkt oder indirekt für Image und Umsatz wichtig sind.

Um Texten ausreichend Glaubwürdigkeit zu verleihen, ist es auch für Transkreativtexter hilfreich, über Verbraucher- und Rezipientenpsychologie zumindest in Grundzügen Bescheid zu wissen. Vieles kann man sich intuitiv erschließen, die Positionierungspioniere Al Ries und Jack Trout haben daraus sogar 22 „Gesetze" abgeleitet[22]. Die wesentlichen für die Arbeit des Transkreativtexters insbesondere im Bereich der Werbung und PR sind meines Erachtens die folgenden fünf:

1. Das Gesetz der Wahrnehmung (The Law of Perception)

Marketing ist kein Kampf der Produkte, sondern ein Kampf darum, wie Produkte wahrgenommen werden. Denn wahr ist im Kopf des Konsumenten das, was er wahrnimmt.

Für die Transkreation bedeutet dies ...
Berücksichtigen Sie die voraussichtliche Wahrnehmung in der Zielkultur. Dies kann mitunter wesentliche Eingriffe erfordern und sollte mit dem Kunden abgesprochen werden. Haben Sie keine Scheu davor, den Kunden in dieser Hinsicht zu konsultieren und auf Augenhöhe zu beraten. Der Kunde wird Ihnen letztlich dankbar sein!

---

21 Ries & Ries: 2002, S. 5, meine Übersetzung

22 Ries & Trout: 1993. The 22 Immutable Laws of Marketing.

2. Das Gesetz der Exklusivität (The Law of Exclusivity)

Zwei Unternehmen können im Kopf des Konsumenten nicht dasselbe Schlagwort (Markenversprechen) besetzen. Cowboys ist Marlboro, Flügel verleiht nur Red Bull, die originale Jeans ist Levi's.

Für die Transkreation bedeutet dies ...
Achten Sie darauf, mit Ihren Formulierungen keine Assoziationen mit anderen Produkten zu erwecken. Recherchieren Sie entsprechend, um sicherzugehen, dass Ihre Botschaft unverwechselbar und „exklusiv" ist.

3. Das Gesetz des Gegenpols (The Law of the Opposite)

Man sollte nicht versuchen, bloß besser zu sein, sondern neu oder anders. Die Aussage sollte sein: Hier ist die Alternative zu dem, was Sie bislang kennen.

Für die Transkreation bedeutet dies ...
Sie sollten sich neuartige Formulierungen überlegen und bereits Besetztes oder Überstrapaziertes meiden. Modewörter sind mit Bedacht einzusetzen, wenn überhaupt. Hinterfragen Sie deren Einsatz genau, sie könnten den Leser langweilen oder verdrießen. Zeigen Sie, dass Sie sich Gedanken machen und nicht in Automatismen verfallen. Nicht jede „superior user experience" etwa muss automatisch eine „bessere Nutzererfahrung" sein, vielleicht interessiert den Konsumenten vielmehr, wie effizient ein Programm auch ohne Vorkenntnisse genutzt werden kann.

4. Das Gesetz des Verzichts (The Law of Sacrifice)

Verzichten Sie auf etwas, um insgesamt an Aussagekraft zu gewinnen. Zu viele Informationen lassen den Fokus diffus werden. Es kann ohnehin niemand alles für alle sein.

Für die Transkreation bedeutet dies ...
Achten Sie darauf, die Botschaft nicht zu verwässern. Nötigenfalls verzichten Sie auf Spielereien, wenn durch den Verzicht die Aussagekraft der Botschaft steigt.

5. Das Gesetz der Ehrlichkeit (The Law of Candor)

Wenn man etwas eingesteht, was vielleicht (noch) nicht optimal ist, wird der Leser das positiv vermerken. Die Botschaft lautet dann: „Hier ist jemand ehrlich, also wird auch das Übrige stimmen."

Für die Transkreation bedeutet dies ...

Haben Sie keine Berührungsängste vor potenziell Negativem, wenn Ihr Auftraggeber bewusst ein Geständnis einlegt. Bemühen Sie sich, im Zieltext ebenso ehrlich wahrgenommen zu werden. Tappen Sie im Sinne der wahrgenommenen Ehrlichkeit auch nicht in die Falle, in Ihrem Eifer etwas Positives etwa durch zu starke Adjektive zu übertreiben. Dies könnte zum Bumerang werden und die Aussage des gesamten Textes in Mitleidenschaft ziehen.

Was halten Sie von diesen fünf „Gesetzen"? Ich halte sie für wichtig und hoffe, Sie empfinden sie als hilfreich für Ihren Transkreationsalltag.

Übrigens, falls Ihnen aufgefallen ist, dass die hier von mir zitierten Bücher von Al Ries und Jack Trout teilweise schon 20 oder gar 30 Jahre alt sind: Das ist richtig, aber in ihren Grundaussagen sind sie immer noch genauso aktuell und relevant wie damals. Dies belegt unter anderem auch der Umstand, dass ihre Bücher immer wieder neu aufgelegt werden. Erst 2012 etwa ist ihr Positionierungsklassiker in deutscher Übersetzung erschienen[23].

Jack Trout hat in einem anderen bekannten Buch („The New Positioning"[24]) zudem 5 Gesetzmäßigkeiten für das menschliche Gehirn zusammengefasst, die ebenfalls für die Arbeit des Transkreativtexters relevant sind. Für Sie gebe ich sie hier mit meinen Ergänzungen wieder, gesprochen aus der Sicht des Adressaten:

---

23 Positioning: Wie Marken und Unternehmen in übersättigten Märkten überleben. Verlag Franz Vahlen, München, 2012.

24 Trout, 1995, S.8

1. Ich kann (und will) nicht alles aufnehmen (Minds are limited).

Menschen haben nur eine eingeschränkte Aufnahmefähigkeit und werden täglich mit Texten bombardiert. Du musst mir also schon etwas Besonderes bieten, um meine Aufmerksamkeit zu gewinnen.

2. Ich mag's klar und einfach (Minds hate confusion).

Wenn es zu kompliziert oder verwirrend wird, verliere ich das Interesse. Bei mir muss die Botschaft klar, direkt und deutlich ankommen, sonst klinke ich mich aus.

3. Ich gehe lieber auf Nummer Sicher (Minds are insecure).

Was ich kenne, und sei es auch nur im Ansatz, ist mir lieber als etwas, wozu mir keine Erfahrungswerte vorliegen.

4. Ich lasse mir nichts einreden (Minds don't change).

Ich glaube nur das, was meinen eigenen Überzeugungen entspricht. Mit dem Vorschlaghammer geht bei mir gar nichts.

5. Ich verliere leicht den Faden (Minds can lose focus).

Wer mir alles Mögliche verspricht, hat bei mir verloren. Was genau ist jetzt deine Stärke? *Ein* Schwerpunkt, *eine* Grundaussage, *eine* Kernkompetenz ist für mich glaubwürdiger als die eierlegende Wollmilchsau.

Wenn Sie diese fünf Gesetzmäßigkeiten verinnerlichen und auf Ihre Texte anwenden, dabei wie oben aus Sicht des Adressaten denken, werden Ihre Formulierungen wesentlich glaubwürdiger. Versuchen Sie es!

Apropos Glaubwürdigkeit: Auch der in diesem Buch bereits mehrfach zitierte David Ogilvy pochte auf das Konzept *„meaningful"* – relevant müsse eine Aussage sein. Seiner Meinung nach besteht das vorrangige Ziel eines Texters nicht darin, besonders *kreativ* zu sein, sondern besonders *relevant* zu sein. Denn nur dann wird der Text als nützlich und interessant empfunden. Gleichwohl soll er natürlich auch einzigartig und widerspruchsfrei sein.

Das sind auch die wesentlichen Merkmale guter – mithin „relevanter" – Texte. Sie müssen von der Zielgruppe als *nützlich, interessant, einzigartig und widerspruchsfrei* empfunden werden. Jeder Satz, den Sie schreiben oder übertragen, sollte daher diese vier Kriterien erfüllen. Tut er das nicht, ist er irrelevant und muss entweder umgeschrieben oder ganz weggelassen werden.

Vier Kriterien, die jeder Satz erfüllen muss: Ist er

- **nützlich?**
- **interessant?**
- **einzigartig?**
- **widerspruchsfrei?**

Für die Glaubwürdigkeit ist allerdings auch die Sympathie hilfreich. Was uns sympathisch ist, glauben wir auch eher. Und hier kommt die Kreativität ins Spiel.

Meine eigene Kreativität ist sehr strategielastig, meine Kreativität entwickelt sich grundsätzlich aus einem Gesamtbild heraus, indem ich vollends in die Situation des Empfängers und dessen Gedankenwelt einzutauchen versuche. Dies gelingt mir, indem ich zunächst das Briefing (in welcher Form auch immer) verinnerliche, mich in den oder die Rezipienten versetze, eine Rohfassung erarbeite, Recherchen durchführe, alle etwaigen Unklarheiten und Fragen kläre, eine Ideensammlung zu Papier bringe, und dann mal eine kreative Schaffenspause mache.

Die kreative Pause

Ist „kreativ" und „Pause" ein Widerspruch? Ganz und gar nicht! Sie haben das sicher schon selbst oft erlebt. Die Dusche. Ja genau. Ein wahrer Quell der Kreativität. Oder das Gläschen Rotwein mit David Ogilvy. Aber neben diesen Klassikern der kreativen Pausen – jener Unterbrechung im angestrengten Schaffensprozess, die auf andere Gedanken bringt und gerade deshalb oft zur wirklich zündenden Idee führt – neben Dusche und Rotwein gibt es natürlich noch viele andere Möglichkeiten.

Vielleicht muss ich das für Sie gar nicht erst extra begründen, weil Sie das intuitiv ohnehin wissen. Ein paar kluge Worte zur Untermauerung der Wichtigkeit dieser Unterbrechungen schaden aber vielleicht nicht?

Brügger und Scherer etwa schreiben in ihrem Buch „Denkmotor"[25]:

> Der Zwang, seine Geisteskräfte zu bündeln, behindert die Kreativität. Entfernen Sie sich deshalb ab und zu von der eigentlichen Problemstellung. [...] Vergessen Sie Ihren Job für ein paar Augenblicke und Sie werden sehen: Oft kommen einem die besten Ideen an den unmöglichsten Orten. An der Tankstelle, im Zoo, auf dem Friedhof, in der Bäckerei und besonders gern unter der Dusche.

Ob Tankstelle, Zoo oder etwas anderes: Das Wichtige ist, stets für alles offen zu sein, alles im Leben unvoreingenommen wahrzunehmen. Ich selbst habe mitunter zündende Formulierungsideen beim Vorlesen für meine Kinder, beim Walken an der frischen Waldluft, auf der Massageliege bei meinem Physiotherapeuten, beim Haareföhnen, beim „Philosophieren" mit Freunden oder beim Lesen eines Krimis geboren.

Zum zweiten nutze ich die Möglichkeit, nicht immer strategisch-kreativ „textpolierend" zugange sein zu müssen, denn auf Dauer ist diese Form der Textarbeit eine extrem anstrengende Tätigkeit. Ich habe mir daher zwei Standbeine aufgebaut: einerseits die Spezialisierung auf Fachübersetzungen im Finanz- und Vertragsbereich, andererseits die Spezialisierung auf Transkreativ- und Texterleistungen. Durch die Abwechslung zwischen den beiden stelle ich einen für mich wichtigen mentalen Ausgleich her. Denn: Immer nur Fachtexte in bestimmten eingeschränkten Bereichen zu übersetzen ist aus Sicht der fachlichen Expertise zwar sinnvoll, birgt jedoch die Gefahr, dem Trott und dem Tunnelblick zu verfallen: die Aufmerksamkeit sinkt und die Freude an der Arbeit ebenso. Die Qualität würde letztlich darunter leiden. Immer kreativ zu sein istandererseits extrem kräftezehrend, man laugt sich aus. Auf einen einfachen Nenner gebracht: Der Mix macht's. Bei der Arbeit an etwas fachlich Handfestem sind andere Bereiche im Gehirn aktiv als bei der Arbeit in einem Brainstorming – so empfinde ich das, und mit mir sicher die meisten. Durch die Abwechslung erlebe ich jeden Job als spannend, und Trott und Tunnelblick kommen erst gar nicht auf.

---

25 Brügger, Scherer: 2014, S. 63

Für Abwechslung und somit immer wieder neue Ideen, Formulierungen und Verknüpfungen sorge ich auch, indem ich mich laufend mit verschiedenen Branchen, Segmenten, Unternehmen und Sparten beschäftige. Ich habe sogar Kunden, die es vorziehen, für ihre Pressemitteilungen im IT-Bereich keinen IT-Fachexperten einzusetzen, da ich als eine vom Fachjargon unvorbelastetete – wenngleich gut informierte – Texterin für die breitere Zielgruppe verständlicher und griffiger formulieren würde. Ein durchaus überlegenswerter Ansatz.

Unabdingbar im Zusammenhang mit Abwechslung ist übrigens für mich auch das Lesen möglichst unterschiedlicher Hintergrundartikel zu verschiedensten Themen, die die Welt bewegen – je verschiedenartiger, desto besser. Der Bogen spannt sich von Fachartikeln über Politik und Kulinarik bis hin zur Belletristik. Je vielseitiger, desto besser. Das öffnet den Geist, schult das Gespür für Sprachregister und gute Formulierungen und stellt Verknüpfungen im Denken her, die später in ganz anderen Situationen abgerufen werden können.

Dieses Bedürfnis nach umfassender „humanistischer" (in Ergänzung zu „fachlicher") Bildung ist meines Erachtens auch eine wesentliche Voraussetzung für gute transkreative Arbeit: die ständige Neugier auf Neues und Anderes, das unermüdliche Bedürfnis, über den Tellerrand schauen zu wollen, ein umfassendes „Weltwissen" zu erwerben, Zusammenhänge auch dort herstellen zu können, wo diese nicht direkt und auf den ersten Blick ersichtlich sind.

Ein breites Grundwissen sorgt nicht nur für gute Arbeit, sondern macht auch mehr Spaß. Und ohne Spaß und Neugier ist Kreativität nicht möglich. Abgesehen davon, dass so manche Texte ein rasches Einarbeiten in neue Bereiche erfordern; dies fällt natürlich umso leichter, je mehr Grundwissen vorhanden ist, an das ich anknüpfen kann. Oder wie Brügger und Scherer schreiben[26]:

> Nichts kommt aus dem Nichts. Eine neue Idee ist immer eine Kombination, eine Veränderung oder eine Zweckentfremdung von bestehendem Wissen und bereits gemachten Erfahrungen.

Wenn mich also Kollegen fragen, wie sie die Zeit abrechnen sollen, die sie nicht direkt am Schreibtisch mit konzentriertem „Kreativsein" verbracht haben, sondern vielleicht eine sinnvolle Pause gemacht und eine Runde spazieren waren oder ihr Weltwissen erweitert haben, ist hiermit vielleicht klar ge-

---

26 Brügger, Scherer: 2014, S. 16

worden: Diese Pause bedeutet nicht belanglose „Untätigkeit“, sondern ist vielmehr ein unabdingbares Element des Schaffensprozesses, das indirekt in das Honorar mit einfließen sollte. Sei es, dass man in seinen Stundenpreis derartige Kreativpausen mit einberechnet, so wie man zum Beispiel auch als Dolmetscher in den Tagessatz die teils tagelangen Vorbereitungszeiten anteilig mit einrechnet, sei es, dass man von vornherein einen Projektpreis vereinbart, der diese Zeiten angemessen berücksichtigt.

Denn Kreativität ist ein Prozess, bei dem allein das Ergebnis zählt, ganz egal, wie man es erreicht hat.

Aber zurück zu meinem Schaffensprozess: Nachdem ich diesen nun so weit durchlaufen habe, dass die Texte in ihrer Rohfassung „stehen“, beginne ich mit der Überarbeitung, die sich ausschließlich auf den Zieltext konzentriert. Zusätzlich zu diversen Kreativitätstechniken, wie sie in Workshops und Büchern vermittelt werden, den erforderlichen Brainstormings und Schaffenspausen, spiele ich gern mit den Eigenheiten der Zielsprache, in meinem Fall Deutsch. Was ich damit meine, veranschauliche ich im Folgenden anhand von einigen Beispielen. Dabei handelt es sich zunächst nicht um kreative Techniken im engeren Sinn, sondern vielmehr um grundlegendes Feingefühl für sprachliche Ästhetik und inhaltliche Logik.

Übrigens: diese Beispiele mögen Ihnen vielleicht banal oder selbstverständlich erscheinen. Die vielen Texte, die zur Überarbeitung auf meinem Schreibtisch landen, sprechen jedoch eine andere Sprache und zeugen von der dringenden Notwendigkeit, darauf einzugehen.

Das Spiel mit der Sprache

Jede Sprache hat ihre Besonderheiten, Sie kennen diejenigen Ihrer Sprache(n) am besten. Ich konzentriere mich bei den folgenden Anschauungsbeispielen ausschließlich auf das Sprachenpaar Englisch-Deutsch, da die Beispiele so vermutlich für die meisten von Ihnen am leichtesten nachvollziehbar sind. Generell gilt jedoch für alle Sprachen, dass sie folgende einfache Möglichkeiten nutzen sollten, wenn dies der Logik, Schlüssigkeit und Ästhetik dient:

Umstellen

Mit Umstellen meine ich zum einen, dass ich Satzstellungen ändere, das heißt, neue Nebensätze bilde, Sätze zusammenfüge, an anderen Stellen als im Ausgangstext Punkt, Komma, Doppelpunkt, Rufzeichen usw. setze, oder die Reihenfolge verändere, wenn mir dies auf Deutsch vom Gedankenfluss her logischer erscheint. Übrigens mache ich den Kunden mit einem allgemeinen Hinweis auf solche Eingriffe aufmerksam.

Andererseits meine ich mit Umstellen auch, dass ich Wortformen verändere, das heißt, ich mache Verben aus Hauptwörtern, Adjektive aus Verben, Adverbien aus Adjektiven u. Ä.

Im Folgenden finden Sie ein Beispiel für einen einfachen Satz, bei dem ich im Zieltext Adjektiv und Substantiv ausgetauscht und die Abfolge im Satz geändert habe:

Fallbeispiel 1 – Umstellen

Ausgangstext:

The highly selective processing makes GC a specialty coffee *with aromatic complexity* and a definitive bold character, underlined by intense dry and malty cereal notes.

Zieltext:

Die äußerst selektive Verarbeitung macht GC zu einem Spezialitätenkaffee *mit komplexen Aromen* und intensiven trockenen und malzigen Noten von Getreide, die seinen kühnen Charakter unterstreichen.

Aus der „aromatic complexity" wurde statt der eher unhandlichen, fast schon zungenbrecherischen „aromatischen Komplexität" die „komplexen Aromen", und aus dem Charakter, der von trockenen und malzigen Noten unterstrichen wird (passive Formulierung), wurden durch Umstellung trockene und malzige Noten, die den Charakter unterstreichen (aktive Formulierung). Warum? Weil der Text dadurch ganz einfach besser fließt. Erstellen Sie selbst verschiedene Varianten und prüfen Sie, welche Ihrer Meinung nach runder und eingängiger wirkt.

Ihre Notizen dazu:

Fallbeispiel 2 – Umstellen

Eine englische Pressemitteilung zur Veröffentlichung in IT-Zeitschriften anlässlich der Einführung eines neuen Produkts.

Ausgangstext:

Next-Generation Enterprise Flash Product Delivers More Capacity, Enhanced Enterprise Reliability, Better Performance, All at a Lower Cost: Introducing the New AAA from CCC

Nach der Transkreation lautete der Pressetext auf Deutsch:

Der neue AAA von CCC überzeugt als Enterprise-Flash der neuesten Generation mit noch mehr Kapazität, noch höherer Zuverlässigkeit, noch besserer Leistung und sogar noch geringeren Kosten

Wie Sie sehen, wurde für die deutsche Pressemitteilung die Satzstellung geändert, um möglichst prägnant und griffig zu bleiben. Das Wichtigste sollte sofort und leicht erfassbar sein. Voraussetzung dafür war allerdings, genau über das Produkt Bescheid zu wissen, um in der Euphorie über ein möglichst verkaufstarkes Wording keine Fehler einzubauen. Recherchen waren hier unabdingbar. Dabei konnte unter anderem in Erfahrung gebracht werden, dass der Kunde auch schon bisher mit Leistung, Kapazität und Zuverlässigkeit geworben hatte und somit das Wörtchen „noch" (mehr, höher, besser) zulässig war.

Ihre Notizen dazu:

Fallbeispiel 3 – Umstellen

In diesem Beispiel geht es um die Überschrift einer Tourismuswerbung für ein Romantikhotel in Marokko. Hier wurde die Verb-lastige Formulierung (Gerundium-Konstruktion) im Englischen, die im Deutschen nur umschreibend repliziert werden kann, durch Substantivierung gelöst, und aus der Romantik wurden aus Gründen der bereits begonnenen Alliteration moderne Romantiker:

Ausgangstext:

Capturing the Romance of Marrakech and Beyond ...

Wörtlich:

Einfangen der Romantik von Marrakesch und darüber hinaus ...

Zieltext:

Der Mythos Marrakesch für moderne Romantiker

Ihre Notizen dazu:

Verschmelzen

Mit Verschmelzen ist gemeint, dass ich mir eine wunderbare Eigenheit der deutschen Sprache zunutze mache und aus verschiedenen Wörtern Komposita bilde oder mehrere Formulierungen zusammenziehe.

Fallbeispiel 1 – Verschmelzen

Ausgangstext:
We offer you the opportunity to attend exclusive tasting sessions to discover the *richness and diversity of our wine tastes*.

Problematisch ist hier Folgendes:
„Richness" und „diversity" erfordern auf Deutsch zwei verschiedene Artikel (der Reichtum, die Vielfalt), der Satz würde dadurch etwas schwerfällig; „wine tastes" bedeutet wörtlich Weingeschmäcker oder Wein-Geschmacksrichtungen, das wäre für einen deutschen Werbetext allerdings ein unschöner Plural.

Zieltext – mögliche Lösung:
Wir bieten Ihnen die Möglichkeit, bei exklusiven Verkostungen *die reiche Geschmacksvielfalt unserer Weine* zu entdecken.

Die problematischen Wörter Richness, Diversity und Tastes wurden durch eine Verschmelzung elegant gelöst. Aus „den Reichtum und die Vielfalt unserer Weingeschmacksrichtungen" wurde „die reiche Geschmacksvielfalt unserer Weine". Beachten Sie auch die Verkürzung:

Wir bieten Ihnen die Möglichkeit, *bei exklusiven Verkostungen die reiche Geschmacksvielfalt unserer Weine zu entdecken.*

Statt der wörtlichen Formulierung:
Wir bieten Ihnen die Möglichkeit, *an exklusiven Verkostungen teilzunehmen, um die reiche Geschmacksvielfalt unserer Weine zu entdecken.*

So wurde durch einfaches Verschmelzen ohne Informationsverlust ein Nebensatz eingespart, was den Satz insgesamt runder und flüssiger macht.

Ihre Notizen dazu:

Fallbeispiel 2 – Verschmelzen

Ausgangstext:

Enjoy these delicious, crunchy cinnamon biscuits, rich in butter and brown sugar.

Sie sehen förmlich diese knusprigen Kekse, riechen den Zimt, spüren den braunen Zucker zwischen den Zähnen – wie würden Sie dies beschreiben?

Wörtlich:

Genießen Sie diese leckeren, knusprigen Zimtkekse, reich an Butter und braunem Zucker.

Nicht unaussprechlich schlecht, aber der Nachsatz „reich an Butter und braunem Zucker" hängt etwas in der Luft, insbesondere, wenn Sie ihn sich laut vorlesen. Überpenibel? Vielleicht. Aber gerade diese Überpenibilität, das „Sich-nicht-zufrieden-geben-wollen" macht den Unterschied zwischen dem Mittelmaß und dem Außergewöhnlichen. Und der Kommunikationsexperte in Ihnen will ja Letzteres.

Zieltext:

Genießen Sie diese herrlich duftenden Kekse, knusprig gebacken aus feiner Butter, Zimt und braunem Zucker.

In diesem Fall wurde der Text zwar etwas länger – im Sinne von „Mut zu Mehr" (siehe Kapitel 5) – aber meines Erachtens zum Vorteil der gewollten Aussage. Was meinen Sie?

Ihre Notizen dazu:

Grammatikprobleme kreativ gelöst

Im vorhergehenden Abschnitt habe ich bereits angeschnitten, dass man sich sprachliche Eigenheiten zunutze machen sollte, um problematische oder schwerfällige Passagen wirkungsvoll aufzulösen. Dasselbe gilt auch für grammatikalisch bedingte Herausforderungen. Jede Sprache besitzt eigene Besonderheiten, Sie kennen diejenigen Ihrer Sprache am besten. Als Beispiel nenne ich hier aufgrund meiner Praxis häufig angetroffene Grammatikprobleme bei der Übertragung aus dem Englischen ins Deutsche.

Die englische Sprache bietet bekanntlich die Möglichkeit, mehrere Substantive einfach aneinanderzureihen, zum Beispiel:

„We would like to invite you to an exclusive *grand cru wine tasting experience.*"

Auf Deutsch können wir, wörtlich gesehen, aus solchen Bandwürmern nur durchgekoppelte Aneinanderreihungen produzieren:

„Wir möchten Sie zu einem exklusiven *Grand-Cru-Wein-Verkostungserlebnis* einladen."

Was auf Englisch völlig natürlich und knackig wirkt, ist auf Deutsch häufig unschön oder gar völlig inakzeptabel, wie in diesem Beispiel. In solchen Fällen müssen wir daher umschreiben. Dabei ist häufig Kreativität gefragt, denn Textzweck und Kontext entscheiden, wie ich die Komposita am geschicktesten auflöse. Wenn es der Kontext zulässt, wäre eine Möglichkeit in diesem Fall zum Beispiel:

„Wir laden Sie zu einer *exklusiven Weinverkostung* ein, bei der Sie in stimmungsvoller Atmosphäre *unsere außerwöhnlichen Grands Crus* kennen lernen können."

Insbesondere Komposita mit Eigennamen bereiten oft Kopfzerbrechen. Manche Kunden geben deshalb vor, wie mit dem Namen des Unternehmens umzugehen ist. Zum Beispiel kann vorgeschrieben werden, den Namen immer kursiv zu setzen und ohne Bindestrich zu verwenden.

Nespresso etwa macht das so. Auf der Website des Unternehmens liest man demnach: Die Krönung für Ihren *Nespresso* Kaffee.[27]

In diesem Fall muss man sich als Transkreativtexter an die Vorgaben halten, auch wenn sie streng genommen der deutschen Grammatik widersprechen. Die Kursivlösung ist ein Kompromiss, der vor allem der Optik dient. Mitunter hat diese vor der strengen Befolgung der Grammatik Vorrang, denn Transkreation wird auch „fürs Auge" konzipiert (siehe Kapitel 5).

Eine andere Lösungsmöglichkeit besteht zum Beispiel im „Freistellen".

Mit Freistellen ist hier gemeint, dass der Eigenname von weiteren Substantiva gelöst wird. Dies könnte dann zum Beispiel so aussehen:

the *Indriya from India* green coffee – der Rohkaffee *Indriya from India*
the *Nespresso* Coffee Experts – die Kaffee-Experten von *Nespresso*

Eine andere Möglichkeit besteht darin, einen Nebensatz zu bilden. Zum Beispiel:

The unique Healthy Living products are …

- die einzigartigen Produkte, die Healthy Living entwickelt hat, sind …
- die einzigartigen Produkte, die für Healthy Living im Mittelpunkt stehen, …
- Healthy Living bietet Ihnen einzigartige Produkte, die …

Und so weiter. Ihrer Phantasie sind hier keine Grenzen gesetzt – außer jener, dass die Grundaussage gewahrt bleiben muss.

Natürlich könnte man theoretisch auch einfach „die einzigartigen Produkte von Healthy Living" oder „aus dem Hause Healthy Living" schreiben. Dies wirkt aber etwas lieblos. Unser Anspruch ist in den meisten Fällen hingegen, einen Text zu schaffen, der so klingt, als sei er ursprünglich in der Zielsprache genau für dieses Unternehmen, genau für dieses Produkt verfasst worden. Und zwar mit viel Liebe zu jedem einzelnen, einzigartigen Detail.

---

27 www.nespresso.com/de/de

Auf Anschlüsse achten

Die meisten Sprachenpaare haben das Problem, dass die Wortstellung nicht derselben Anordnung folgt und somit Satzanschlüsse mitunter nicht mehr logisch sind. Ein besonderer, wenn auch durchaus gängiger Fall ist etwa ein Satz, dem nach einem Doppelpunkt eine Aufzählung folgt. Die deutsche Sprache hat die Eigenheit, dass Verben oft an das Satzende kommen (müssen), im Englischen hingegen nicht. Sehen Sie sich dazu folgendes Beispiel an:

Ausgangstext:

Your guests will be delighted by the distinctive aroma of our range of Grands Crus: Espresso Origin Brazil, Ristretto Origin India and the new Lungo Origin Guatemala.

Wörtlich:

Ihre Gäste werden begeistert sein von dem einzigartigen Aroma unserer Grands Crus: Espresso Origin Brazil, ...

Diese wörtliche Variante ist zwar korrekt, aber ungelenk, sie entspricht nicht dem natürlichen deutschen Redefluss. Wenn man das Verb an das Ende stellt, wie es im Deutschen natürlicher wäre, kommt es jedoch zu einem logischen Bruch im Übergang zur Aufzählung:

Ihre Gäste werden von dem einzigartigen Aroma unserer Grands Crus begeistert sein: Espresso Origin Brazil, ...

Besser wäre daher eine Adaption:

Begeistern Sie Ihre Gäste mit dem einzigartigen Aroma unserer Grands Crus: Espresso Origin Brazil, ...

Wie Sie an dem obigen Beispiel sehen, sind es oft Feinheiten und scheinbare Kleinigkeiten, die poliert und geschliffen werden müssen, um in Summe ein perfektes Ergebnis zu liefern. Diese Penibilität, dieses Bemühen um die vielen Feinheiten und Kleinigkeiten, bis ein in jeder Hinsicht perfekter Text steht, ist jedoch das, was Sie als guten Dienstleister von der Masse unterscheidet.

Sie entscheiden daher anhand von scheinbaren Feinheiten und Kleinigkeiten, wie Sie von Ihren Kunden wahrgenommen werden und welches Marktsegment Sie besetzen möchten: das Premium-Segment oder den Massenmarkt.

Schwierige Wörter im Kontext

Mit zunehmender Erfahrung kristallisieren sich für jedes Sprachenpaar häufige Wörter, Phrasen und Formulierungen heraus, die kreative und kontextabhängige Lösungen erfordern. Gängige Wörterbücher sind meist nicht hilfreich, da ihnen die Einbettung in Kontexte fehlt. Es sind ja nicht die Wörter an sich, die Probleme bereiten, sondern ihre jeweilige Bedeutungsoptimierung in einer bestimmten gewünschten Botschaft oder einem bestimmten kulturellen Kontext. Synonymwörterbücher können als Anregung hilfreich sein, für häufig vorkommende „Problemwörter" empfehle ich jedoch, dass Sie sich für Ihre Sprachenpaare eigene Wortfelder anlegen.

Englische PR-Texte (vor allem aus den USA) zum Beispiel tendieren gern zu einer emotionaleren Ausdrucksweise, während deutsche eher nüchterner, sachlicher angelegt sind.

Ein klassisches Beispiel dafür ist das Wort „exciting".

Also aufregend. Auf Deutsch sind wir generell unaufgeregter. Wenn ein amerikanischer CEO von einer „exciting opportunity" spricht, tendieren wir eher zu einer „spannenden" Möglichkeit. Verspricht die Veranstalterin eines Rockkonzerts hingegen „a really exciting event", könnte das zum Beispiel ein „geniales Event" verheißen.

Andere emotionsgeladene Wörter, die wir auf Deutsch deutlich sparsamer einsetzen als etwa im US-Gebrauch, sind „pride" und „passion".

Wenn ein Produkt auf Englisch damit wirbt, es sei „handcrafted with great passion" oder „produced with pride", dann ist es auf Deutsch eher „mit großer Sorgfalt" oder „in sorgfältiger Handarbeit" oder vielleicht sogar handverlesen hergestellt worden. Stolz und Leidenschaft hingegen sparen wir uns für andere Bereiche des Lebens auf.

Zu derartigen Wörtern habe ich mir in meiner Terminologiedatenbank entsprechende Wortfelder angelegt. Das sind in der Regel einfache „Listen" (mit einem Eintrag pro Feld), in die ich zu einem Quellbegriff kunterbunt alle zündenden Ideen aus unterschiedlichen Kontexten bei laufender Arbeit eintrage. Dabei unterscheide ich nicht einmal zwischen Wortarten. Zu einem Substantiv in der Ausgangssprache kann dann ein Wortfeld bestehend aus Substantiven, Adjektiven, Verben angelegt sein. Das kann dann zum Beispiel so aussehen:

EN

- Benefit

DE

- Nutzen
- Zusatznutzen
- kommt zugute
- positive Eigenschaften
- Vorteile
- Leistungen
- Arbeitgeberleistungen
- ist ein Gewinn
- zugunsten
- nutzbringend

Für ein seriöses Wörterbuch wäre ein derartiges Sammelsurium undenkbar. Deshalb handelt es sich auch um meine ganz persönliche Liste, allein für meinen internen Gebrauch. Es ist erstaunlich, wie oft ich dankbar bin über die diversen Einfälle, die ich im Laufe der Zeit gesammelt habe.

„Superior" ist auch so ein schwieriges Wort. Oft ist ein Produkt nämlich nicht einfach „überlegen", sondern je nach Kontext schlicht hochwertig, oder aber hervorragend, wertvoll, besser, das weltbeste, überdurchschnittlich, ausgeprägt, souverän, ...

Weitere Beispiele für „beliebte" Wörter, aus meiner Terminologie-Datenbank:

powerful
stark, zugkräftig, schlagkräftig, starker Auftritt, beeindruckend, überzeugt durch, imposant, markant, eindrucksvoll, mächtig, griffig, leistungsstark, potent, außergewöhnlich, einzigartig, effektiv, wertvoll, ausdrucksstark, Durchschlagskraft

value
Mehrwert, Nutzen, attraktives Preis-Leistungsverhältnis, kostbar, Ausprägung, Kosten-Nutzen-Verhältnis, von besonderem Wert, bedeutsam, wertvoll

sophisticated
ausgeklügelt, durchdacht, Raffinesse, technisch ausgereift, verfeinert, exquisit, gehoben, edel, subtil, Finesse, fein abgestimmt, für hohe Ansprüche, siehe auch advanced

advanced
innovativ, umfassend, hochentwickelt, zukunftsweisend, hochmodern, fortschrittlich, hochgradig, siehe auch sophisticated

unique
einzigartig, besonders, außergewöhnlich, markant, unverkennbar, unverwechselbar, Alleinstellungsmerkmal, höchst individuell, einmalig

Haben Sie auch solche Listen? Neben guten Synonymwörterbüchern sind sie eine große Hilfe im transkreativen Alltag.

Ihre Notizen dazu:

5 Herangehensweisen

Kreativität ist wie ein Bach,
mit vielen Steinen, Hindernissen und Umwegen.
(meine Devise)

Herangehensweisen an die transkreative Arbeit gibt es viele, da es sich um eine intellektuell anspruchsvolle Tätigkeit handelt, die viele verschiedene Aspekte vereint. Ich selbst gehe in unterschiedlichen Situationen unterschiedlich an die Arbeit heran, und nicht immer setze ich bewusst eine bestimmte Technik ein. Vieles geschieht auch unbewusst aus der Erfahrung heraus.

Dieses eher unbewusste Vorgehen hat seinen Grund. Ein struktureller Rahmen ist zwar erforderlich, aber innerhalb dieses Rahmens lässt eine gewisse Unstrukturiertheit die Kreativität besser fließen. Auf Englisch wird in diesem Zusammenhang gern von den *„creative juices"* gesprochen, ein sehr passendes Bild. Kreativität muss fließen. Das Bild von einem Bach etwa passt dazu gut: Die Fließrichtung, dort, wo es hingehen soll, ist vorgegeben, und das Bachbett bildet den Rahmen, um den Bach weitgehend in der Bahn zu halten. Aber kleine Nebenflüsse, Abstecher, Umwege, ein kleiner Wasserfall, ein kurzfristiges Anschwellen und wieder Schmälerwerden, manchmal sprudelnd und schnell, manchmal ruhig und beschaulich, so kann man sich den Bach vorstellen.

Und so ist es auch mit der Kreativität. Der schöpferische Rahmen[28] ist mein Bachbett. Unterschiedliche Techniken – kleine Steinchen, größere Hindernisse, Umwege, Nebenflüsse – sollen uns dabei helfen, die Kreativität freizusetzen, und je mehr Techniken wir kennen, desto leichter fällt es, sie unbewusst und ohne strikte Reihenfolge einzusetzen. Würden wir nämlich immer dieselben Techniken in der stets selben Abfolge einsetzen, würde die Kreativität auf Dauer darunter leiden.

28 Ingebrigt Steen Jensen spricht in diesem Zusammenhang von der „framed creativity". Ob er bewusst darauf anspielt, der Kreativität einerseits einen Rahmen zu geben und sie andererseits (im Sinne der weiteren Bedeutung von „framed") ein wenig „austricksen" zu wollen, weiß ich nicht, das Bild passt aber in beiderlei Hinsicht sehr gut.

Grundvoraussetzung für jegliche Form von Kreativität ist allerdings immer, dass Sie mit der Thematik, den Spezifika des Auftrags und der jeweils gewollten Aussage vollends vertraut sind, ob dies nun auf Erfahrung oder Recherchen oder Briefings beruht oder einer Kombination aus allem.

Letzteres ist natürlich der Idealfall: Eine Kombination aus allem.

Manche erliegen auch der Versuchung, gleich perfekt schreiben zu wollen. Das kann niemand. Alle guten Texte entstehen in mehreren Schritten. Wenn man sich die Arbeit in mehrere Teilschritte zerlegt, nimmt es einem auch die Angst vor einer Schreibblockade. Legen Sie einfach los. Fangen Sie vielleicht auch erst mit dem zweiten Absatz an, wenn Ihnen der erste zunächst zu komplex erscheint.

In einem ersten Schritt kann es sogar erlaubt sein, ein Wort oder eine Phrase aus einer Fremdsprache (irgendeiner Fremdsprache!) einzubauen, wenn gerade dieses Wort/diese Phrase genau das ausdrückt, was Sie sagen möchten. Oder gleich mehrere Alternativen, die Ihnen spontan einfallen. Später können Sie das immer noch ändern. Profi-Texter haben den Mut zum famosen „shitty first draft". Wichtig ist erst einmal, den Gedanken festzuhalten. Später, wenn man schon ganz tief in der Materie eingearbeitet ist, wird ohnehin gekürzt und poliert und umgeschrieben, was das Zeug hält.

In jedem Fall muss jedoch – unabdingbar – jedes Detail geklärt, jegliche Unsicherheit ausgeräumt sein. Wer sich nicht hundertprozentig sicher ist, was ausgedrückt werden soll, wird schwammig und unklar. Wer nicht weiß, worauf es ankommt, kann sich nicht präzise, prägnant und stringent ausdrücken. Dazu bedarf es der profunden Kenntnis der Materie und der Botschaft.

Diese Forderung nach absoluter und profunder Kenntnis zieht sich wie ein roter Faden durch dieses Buch und gilt für jede Form der transkreativen Arbeit.

Sicher ist jedenfalls, dass jedes Detail geklärt, jegliche Unsicherheit ausgeräumt sein muss.

Dies vorausgeschickt gehe ich nun auf einige unterschiedliche Herangehensweisen ein, die Sie vermutlich in keinem Buch über Kreativitätstechniken[29] finden werden.

Es handelt sich um Methoden, die ich im Lauf der Zeit eher unterbewusst entwickelt habe, jedoch in meinem Alltag häufig einsetze. Die Reihenfolge variiert, und nicht immer kommen alle Schritte gleichermaßen zum Zug, aber sie verinnerlicht zu haben, hilft mir dabei, den Blick und das Gespür für Aspekte zu schärfen, die in der transkreativen Arbeit wesentlich sind und nicht unberücksichtigt bleiben sollten.

Inwieweit Sie die eine oder andere davon übernehmen möchten, ist natürlich eine Frage der persönlichen Präferenz. Ich möchte sie Ihnen jedoch als Anregung nahelegen und habe sie wie folgt zusammengefasst:

- Von A bis Z und wieder zurück
- „Dolmetschendes" Gegenlesen
- Transkreation fürs Auge
- Transkreation fürs Ohr
- Der Radio-Test
- Mut zu Neuem – Mut zur Lücke – Mut zu Mehr

29 Dazu gibt es unzählige, siehe u. a. die Literaturempfehlungen am Ende des Buches.

Von A bis Z und wieder zurück

Der Prozess von der Erfassung eines Ausgangstextes bis hin zu einer letztlich neu gegossenen Fassung im Zieltext ist sehr umfassend und durchläuft viele Stadien. Ich habe sie als „von A (Ausgangstext) bis Z (Zieltext)" zusammengefasst, wobei die Reihenfolge keineswegs starr ist:

- Durchlesen des Ausgangstextes
- eingehende Erfassung des Briefings
- Fragen klären
- Recherchen in Paralleltexten
- erste Rohfassung des Zieltextes anhand des Ausgangstextes
- Gegenlesen zur Sicherstellung der inhaltlichen Vollständigkeit und Richtigkeit
- weitere vertiefende Recherchen
- Brainstormings
- noch offene Fragen klären
- Überarbeitung des Zieltextes ohne Ausgangstext
- Weglegen und anschließend weitere Überarbeitung des Zieltextes (mehrfach)
- abschließend erneutes Lesen des Ausgangstextes und ggf. Überarbeitung des Zieltextes

Wie Sie sehen, beginne ich bei A – dem Ausgangstext, lese diesen und lege ihn nach der Übersetzung und deren Prüfung beiseite, um mich nach mehreren nicht-textuellen Schritten ausschließlich mit dem Zieltext – dem Z – zu befassen. Als letzten Schritt komme ich wieder zum A zurück, um ihn noch einmal mit mehr Abstand zu lesen.

Bei diesem letzten Schritt wende ich eine Technik an, die für mich vergleichbar ist mit dem *Dolmetschen* (mündliche Übertragung) im Gegensatz zur schriftlichen Übertragung (dem *Übersetzen*).

„Dolmetschendes" Gegenlesen

Beim Dolmetschen, speziell beim Simultandolmetschen, laufen viele Gehirnprozesse gleichzeitig ab – hören, verstehen, in die andere Sprache umsetzen, sprechen. Dies hat zur Folge, dass alle Sinne geschärft sind, aber eine gewisse Überlagerung nicht zu vermeiden ist. Der Fokus liegt dabei zwangsläufig viel stärker auf der Aussage als auf den einzelnen Wörtern und Formulierungen der Ausgangssprache. Auf die transkreative Arbeit übertragen bedeutet dies, ich lese den Text, aber verdolmetsche ihn bereits im Kopf. Es ist eine gewisse Oberflächlichkeit, die es mir erlaubt, den Sinn zu erfassen, aber mich nicht auf die einzelnen Wörter zu fixieren (mit Ausnahme von Schlüsselbegriffen). So löse ich mich besser vom Original und werde in der Zielsprache authentischer.

Diese Form der Verdolmetschung eines Textes ist allerdings nicht, wie man vielleicht meinen könnte, mein erster, sondern vielmehr mein letzter Schritt in meiner Qualitätskontrolle: Nachdem ich mich nämlich so intensiv mit dem Text befasst habe, dass ich das strategische Briefing, die Recherchen und die Ergebnisse meiner Kreativitätsprozesse vollkommen verinnerlicht habe und der Meinung bin, mit meinem Zieltext fertig zu sein, lese ich den *Ausgangstext* noch einmal, ohne an einzelnen Wörtern zu kleben, um den Text erneut, unter anderen Voraussetzungen als beim ersten Kontakt, in seiner Gesamtheit auf mich wirken zu lassen. So erkenne ich gut, ob ich auch wirklich alles dem tatsächlich Gewollten entsprechend vermittelt habe, nicht nur inhaltlich, sondern auch von der Tonalität her.

Sie können diesen Schritt aber selbstverständlich, so Sie ihn überhaupt einsetzen, auch gerne an anderer Stelle verwenden, etwa am Anfang oder zwischendurch in Ihrem Schaffensprozess.

Transkreation fürs Auge

„Nanu, was ist denn das schon wieder?" fragen Sie vielleicht. Müssen wir denn auch auf die Optik achten? Wie das Schriftbild aussieht? Oder wie ist das gemeint?

Es ist erstaunlich, wie wichtig etwa in einer Broschüre die Anordnung der Texte sein kann. Wie eine Überschrift wirkt. Jean-Remy von Matt zum Beispiel ist so ein „visueller" Typ: „Ich bin einer der wenigen Texter, die visuell denken können," sagt er in einem Interview, veröffentlicht auf dem Portal der Schweizer Kommunikationswirtschaft. „Ich liefere nie eine Headline ab, die nicht gut aussieht. Ich schreibe sie bis zu 30mal, bis ich den perfekten Umbruch habe."[30]

Beim Texten ist es wie beim Essen: Das Auge isst mit. So ist eine Überschrift für mich wie der Betreff einer E-Mail: In der heutigen Fülle an Informationen muss sie Lust darauf machen, den nachfolgenden Text zu lesen. Sie muss sich abheben, sowohl inhaltlich als auch visuell. Sie muss positiv ins Auge springen, zugleich aber auch als nützlich oder interessant empfunden werden. Das Gesamtbild muss stimmen.

Beim Texten ist es wie beim Essen: Das Auge isst mit.

Hier übrigens ein Wort der Warnung: Ein Betreff, eine Überschrift soll als informativ und nützlich empfunden werden, keinesfalls jedoch als marktschreierisch oder reißerisch. „Profitieren Sie jetzt von unserem sensationellen Toilettenangebot!" geht vermutlich aufdringlich aggressiv ins Leere. „Wir haben vielleicht die Lösung für Ihr Toilettenproblem" macht schon wesentlich neugieriger. Im ersten Beispiel liest der Empfänger „der will unbedingt sein Zeug loswerden", beim zweiten erkennt er den Willen, ihm bei einem Problem zu helfen. Wem würden Sie offener gegenüberstehen: Dem „Ich-Möchte-Ihnen-

30 www.persoenlich.com/sites/default/files/interviews34.pdf

Unbedingt-Was-Aufschwatzen"- oder dem „Ich-Kann-Ihnen-Vielleicht-Helfen"-Typ?

Was das Visuelle angeht: Ich selbst habe durchaus Aufträge abgewickelt, bei denen ich tatsächlich die von mir kreierten Zieltexte physisch über die Ausgangstexte gelegt habe, um zu sehen, wie sie im konkreten Kontext wirken, wie sie sich vielleicht auch zu etwaigen Bildern fügen. Das physische Einbetten in den konkreten Zielkontext macht mich nicht nur kritisch („das passt da jetzt gar nicht rein"), sondern inspiriert und stimuliert mich auch. Eingebettet in das visuelle Umfeld springt mich urplötzlich die passende Überschrift förmlich an – die Überschrift, die ich schon die ganze Zeit gesucht habe.

Klingt weit hergeholt? Vielleicht. Oder auch nicht, wenn man es genauer betrachtet: Das menschliche Gehirn reagiert auf Reize, so wie sie sich uns präsentieren, und das gilt nicht nur für uns Transkreativtexter, sondern – und das ist ganz besonders wichtig – auch für die Leser unserer Texte.

Übrigens: Mit etwas Übung gelingt das Einbetten auch im Kopf, ohne Papier schnippeln zu müssen. Probieren Sie verschiedene Techniken aus, seien Sie auch hier kreativ, gern auch ein bisschen verrückt. Alles ist erlaubt.

Vor kurzem hatte ich das Vergnügen, eine Website mit einem eigens entwickelten Programm im Kontext übersetzen und adaptieren zu dürfen. Was ich schrieb, wurde direkt in die Website eingebettet, ich konnte zusehen, wie das, was ich schrieb, auf der Website Gestalt annahm. Es ist unglaublich, wie viel sicherer und gezielter man zu formulieren beginnt, wenn man direkt in das Endmedium der Publikation hinein arbeiten kann. Bei Content-Management-Systemen funktioniert dies insofern auch, da man ja zwischen dem System und der entsprechenden Visualisierung auf der Website hin und her springen kann, was allerdings aufwendiger ist – und in der Regel mithin kostspieliger wird.

Insbesondere für jene Transkreativtexter, die in Sprachen mit langen Wörtern arbeiten (z. B. Deutsch), sind Umbrüche ein Thema: Um hässliche „Flattersätze" zu vermeiden, bestehen Sie unbedingt auf einer abschließenden Durchsicht der Druckfahnen, und geben Sie diese erst dann frei, wenn alle Empfehlungen fehlerfrei umgesetzt wurden.

Zur Veranschaulichung der „Transkreation fürs Auge" stelle ich Ihnen im Folgenden ein Fallbeispiel aus meiner Praxis vor.

Auch in diesem Fall hatte der Endkunde einer Agentur, wie so oft, eine *Übersetzung* beauftragt, und folglich auch eine – zwar durchaus bemühte – aber dennoch recht wörtliche *Übersetzung* erhalten. Für eine Imagebroschüre hätte der Auftrag natürlich Übersetzung + strategisch-kreative Überarbeitung lauten müssen, mithin „*Transkreation*". Es ist allerdings Aufgabe des Auftragnehmers (in diesem Fall des Projektmanagers der Agentur), den Kunden auf diese Unterscheidung und Notwendigkeit hinzuweisen.

Fallbeispiel

Zu übertragen war die Überschrift und der Einleitungstext einer Imagebroschüre des Medizintechnik-Unternehmens „MedX"[31]. Mein Auftrag lautete, die Übersetzung einer Agentur, mit der dieser Kunde nicht zufrieden war, „griffiger" zu formulieren.

Der gegenständliche Text wurde mit einer sehr plakativen Überschrift in großen Lettern eingeleitet:

By the time you finish reading this page, another 10 people somewhere in the world will have been helped by a MedX therapy.

That's one person every 4 seconds.

Die eher wörtliche Übersetzung, die auf Deutsch geliefert worden war, lautete:

In der Zeit, die Sie zum Lesen dieser Seite benötigen, wird irgendwo auf der Welt durch die Therapien von MedX zehn Personen geholfen.

Das macht alle vier Sekunden einen Menschen.

Sprachlich gesehen wurde die Überschrift korrekt „übersetzt", an Syntax, Grammatik, Rechtschreibung gibt es nichts auszusetzen. Aber eingängig ist die Überschrift nicht unbedingt. In meiner transkreativen Arbeit habe ich daher verschiedene Konstellationen durchgespielt, um zu sehen, welche am besten ins Auge springt.

---

31 Der Name des Unternehmens wurde anonymisiert.

Geworden ist daraus letztlich Folgendes:

Alle 4 Sekunden verhelfen die Therapien von MedX einem Menschen zu neuer Lebensqualität.

Das sind 10 Menschen allein während Sie diese Seite lesen.

Beachten Sie, was auf Deutsch geändert wurde:

Zum einen wurde die alte *journalistische Regel ausgehebelt*, wonach Zahlen unter 12 auszuschreiben sind. Diese ist hier kontraproduktiv, da gerade die Zahlen wesentlich sind und sich vom restlichen Schriftbild abheben, ja ins Auge springen sollen. Korrekturleser sind da manchmal grammatisch penibel, ohne die werbliche Wirkung bzw. den Verlust derselben zu beachten. Bestehen Sie hier darauf, eine Regel zugunsten der Wirksamkeit zu „missachten".

Zum zweiten wurde die *Reihenfolge der Sätze geändert*, da dadurch auf Deutsch eine prägnantere und kürzere Formulierung möglich war. Der Satz „In der Zeit, die Sie zum Lesen dieser Seite benötigen" erschien auf Deutsch aufgrund der Nebensatzkonstruktion recht schwerfällig, was durch eine Umstellung der Sätze umgangen wurde, indem „allein während Sie diese Seite lesen" an das Ende kam. Das sensationelle „Alle 4 Sekunden" rückte ganz nach vorn an die allererste Stelle und machte spontan neugierig auf das, was da weiter folgen würde.

Klingt überzeugend? Dann probieren Sie's am besten gleich bei Ihrem nächsten passenden Auftrag aus! Aber Achtung: Unterschätzen Sie den Zeitaufwand nicht. Was von der Lösung her so einfach und naheliegend erscheint, hat Stunden in der Entstehung gebraucht.

Transkreation fürs Ohr

Auch das mag Ihnen zunächst vielleicht suspekt vorkommen: Hier geht es immerhin um *Texte* und nicht um Musik.

Oder doch auch um Musik? Nicht von ungefähr gibt es die Redewendung „Das ist Musik in meinen Ohren", wenn einem etwas gut gefällt.

Und eine Transkreation muss entschieden gefallen. Mitunter spreche ich daher auch vom „musikalischen Texten". Es geht um Rhythmus. Um Dynamik. Will ich laut sein, etwas Sensationelles kundtun, Leidenschaft transportieren? Oder nüchtern mit objektiven Fakten punkten? Es geht auch um Misstöne, die bewusst gesetzt werden. Und sich anschließend in Wohlgefallen auflösen, oder auch nicht. Ein Text kann bewusst Stakkato gehalten sein, um Tempo zu erzeugen, oder an überraschender Stelle enden, um Neugier zu wecken.

Texte haben viel mit Musik gemein. Denn als Transkreativtexter komponieren Sie nicht nur Rhythmus, Tempo und Dynamik, sondern müssen auch Taktgefühl beweisen, im doppelten Sinn: Sie müssen sich in die jeweilige Zielgruppe einfühlen, darauf achten, niemanden zu brüskieren oder verletzen.

Ich persönlich vermeide beispielsweise möglichst weitgehend die Nutzung von Fremdwörtern (außer Fachtermini), wenn das in manchen Zielgruppen potenziell dazu führen könnte, dass sich der Leser dumm oder ungebildet fühlen könnte. Das wäre kontraproduktiv.

„Fremdländisch" hingegen darf ein Text durchaus klingen, wenn dies gewollt oder sinnvoll ist. Dass IKEA das schwedische Du in seinen deutschen Texten eingeführt hat, war kein Lapsus, sondern bewusst gegen die Konvention. Die schwedische Jovialität, die Nähe zu den Menschen, auf die IKEA setzt, sollte im Text transportiert werden. Auch die Radiowerbung wird konsequent und charmant mit unverkennbar schwedischem Akzent vorgetragen.

Rhythmus, Tempo, Dynamik, Taktgefühl, fremdartig oder nicht – wofür Sie sich auch entscheiden: Die Botschaft muss vom Leser jedenfalls stets als positiv empfunden werden, sei es, weil der Text interessante Fakten vermittelt, ohne besserwisserisch belehrend zu wirken, sei es, weil er den Leser emotional sympathisch anspricht.

Lesen Sie sich als Beispiel folgende Überschriften durch. Achten Sie in diesem Fall zur Übung auf die Musikalität. Lesen Sie sich die verschiedenen Varianten auch laut vor.

Fallbeispiel 1

Die Überschrift eines Werbetextes, den wir in einem Workshop bearbeiten sollten, lautete im englischen Original:

Acrobat XI is all new

Auf Deutsch kamen in einem Brainstorming unter anderem folgende Vorschläge:

- Acrobat XI ist da
- Acrobat XI mit völlig neuen Funktionen
- Acrobat XI macht alles neu

Welche deutsche Version erscheint Ihnen am aussagekräftigsten und zugleich attraktivsten? Warum?

Die deutsche Website des Unternehmens warb übrigens mit „Acrobat XI ist da". Was spricht Ihrer Meinung nach dafür bzw. dagegen?

Fallbeispiel 2

Der Claim einer neuen, bunten Kaffeemaschine lautete:

PLAYFUL COLOURS.
PURE ENJOYMENT.

Für den deutschen Claim kamen folgende Vorschläge:

VERSPIELTE FARBEN.
PERFEKTER GENUSS.

MIT FARBEN SPIELEN.
MIT FREUDE GENIESSEN.

VIELFÄLTIGE FARBEN.
EINZIGARTIGER GENUSS.

VERSPIELTE FARBEN.
VERFÜHRERISCHER GENUSS.

Was fällt Ihnen auf? Welche Variante gefällt Ihnen am besten? Warum? Liegt es am Rhythmus? Der Originalität? Der Optik? Den Alliterationen? Den verschiedenen Längen? Dem Sympathiewert?

Ihre Notizen dazu:

Der „Radio-Test"

Haben Sie sich die Texte laut vorgelesen?

Der Wert des Vorlesens wird häufig unterschätzt. Dabei hat das Vorlesen im kreativen Prozess durchaus seinen Platz. Erlauben Sie mir dazu einen Exkurs in die Belletristik, die zweifelsohne ein höchst kreatives Betätigungsfeld bietet und gern als Anregung eingesetzt werden kann. In seinem Bestseller-Roman „Der Vorleser" lässt Bernhard Schlink den Protagonisten beschreiben, wann ihm einer seiner eigenen Texte erst fertig erschien:[32]

„Beim Vorlesen merkte ich, ob das Gefühl stimmte. Wenn nicht, konnte ich alles noch einmal überarbeiten [...]. Hanna [die Zuhörerin] wurde die Instanz, für die ich noch mal alle meine Kräfte, alle meine Kreativität, alle meine kritische Phantasie bündelte."

Genauso handhabe ich das auch. Ich lese mir Texte häufig laut vor und stelle mir vor, ich würde sie selbst im Radio hören. Dies ist ein weiterer möglicher Schritt meines Kreativitätsprozesses, ich bezeichne ihn als den Radio-Test: Lesen Sie den Text laut vor, so als würden Sie ihn im Radio hören. Sie könnten ihn sogar aufnehmen, und das Vorgelesene so auf Sie wirken lassen. Wie ist der Takt? Ist er zu gleichförmig, zu eintönig? Sollte ich die Sätze auflockern, indem ich die Satzlängen ändere (kurz-lang-kurz-kurz-lang ... oder 1, 2, 3, 1, 3, 2, 4 ...)? Die Anzahl der Nebensätze? Mehrere Sätze zu einem Satz verbinde? Mit Sicherheit werden Ihnen dabei Kleinigkeiten auffallen, wie Sie Rhythmus, Tempo, Fluss im Sinne des Gewollten verbessern können.

Hier gibt es nahezu unendlich viele Möglichkeiten für Spielereien. Nutzen Sie diese: Geben Sie Ihren Texten Gehör!

Geben Sie Ihren Texten Gehör!

32 Schlink, 1997, S.176

Mut zur Lücke – Mut zu Neuem – Mut zu Mehr

Ich hatte gerade begonnen, meine Gedanken zum Thema Mut niederzuschreiben, als mir das neueste Buch von Christiane Nord in die Hände fiel. Titel: „Hürden-Sprünge. Ein Plädoyer für mehr Mut beim Übersetzen".

Großartig! Genau das, was ich selbst praktiziere und gerne predige, hat Frau Nord auf den Punkt gebracht: Für gute Übersetzungen, und noch viel mehr für Transkreationen, braucht man Mut:

> Nicht den Mut der Verzweiflung, sondern den Mut, der aus Kompetenz und darauf begründetem Selbstbewusstsein erwächst. Kein tollkühner Sprung ins Nichts, sondern ein kalkulierter Sprung zu dem angepeilten kommunikativen Ziel.[33]

Mitunter braucht man sogar sehr viel Mut. Das ist für viele Übersetzer in der Tat eine Hürde – was Frau Nord sehr anschaulich mit dem Bild des Springreitens und der Hürden-Sprünge verdeutlicht.

Es kostet häufig, vor allem am Anfang, einiges an Überwindung, um sich ausreichend vom Ausgangstext zu lösen und einen Text in einer anderen Sprache so neu zu fassen, dass er möglichst denselben Effekt erzielt wie der Text in der Ausgangssprache.

In diesem Prozess sind viele Aspekte zu bedenken, und dies erfordert neben Mut auch ein umfassendes Wissen der Materie und der Botschaft (gestützt auf Briefing und Recherchen) sowie ein ausgeprägtes Einfühlungsvermögen sowohl in die Kultur der Ausgangssprache als auch in jene der Zielsprache.

Ich selbst bezeichne den *Mut zu Neuem* recht provokant als einen mitunter erforderlichen *Mut zu Mehr*, etwa wenn ich geschickt ausholen muss, um meinen Lesern dasselbe Vorwissen zu vermitteln, das der Leser des Ausgangstextes kulturell bedingt bereits besitzt. Dies muss klug und leichtfüßig erfolgen, auf

33 Nord, 2014. S. 9

eine Art und Weise in den Text eingebaut werden, die nicht belehrend, sondern ganz natürlich wirkt. Siehe hierzu auch Kapitel 6 *Erklären statt belehren*.

Eine weitere Mutprobe ist der *Mut zur Lücke*. Nicht die Lücke im Sinne des Überspielens eines Wissensmangels, ganz im Gegenteil: Wie schon betont wurde, ist *Wissen* und das daraus erwachsende Selbstbewusstsein für eine in jeder Hinsicht gelungene textuelle Übertragung unabdingbar. Gemeint ist mit dem Mut zur Lücke vielmehr der Umstand, dass wir manchmal etwas Neues erschaffen und dabei bewusst beschließen, etwas zu verdichten oder wegzulassen, was für die Leser des Ausgangstextes selbstverständlich ist oder eine ganz besondere Bedeutung hat, für die Leser des Zieltextes aber nicht relevant ist oder gar irritieren würde.

Oder es sind Platzbeschränkungen zu beachten, etwa eine Bildunterschrift. Sehen Sie sich folgendes Beispiel an:

Fallbeispiel 1

Zu übertragen war eine Bildunterschrift in einer Festschrift. Auf dem Bild ist ein altes Metronom und ein zerlegter Schaltkreis zu sehen. Die Platzvorgabe beträgt aus Layout-Gründen maximal 175 Zeichen.

Originaltext:

The inspiration for the battery-operated external cardiac pacemaker (left) was the circuit for an electronic metronome that E. B. saw in an issue of Popular Electronics. (168 Zeichen)

Wörtlich:

Die Inspiration für den batteriebetriebenen externen Herzschrittmacher (links) war der Schaltkreis für ein elektronisches Metronom, das E. B. in einer Ausgabe der Zeitschrift Popular Electronics gesehen hatte. (208 Zeichen)

Mutprobe – Fokus auf das Wesentliche:

Bei der Entwicklung des batteriebetriebenen externen Herzschrittmachers (links) ließ sich E.B. vom Schaltkreis eines elektronischen Metronoms inspirieren. (153 Zeichen)

Anmerkung: Aus Gründen der Platzbeschränkung musste der Text auf Deutsch gekürzt werden. Derartige Vorgaben sind durchaus häufig. Hier wurde beschlossen, den Hinweis wegzulassen, dass der Erfinder das inspirierende Metronom in einer (in Deutschland eher unbekannten) populärwissenschaftlichen Zeitschrift gesehen hatte. Es ist zwar ein nettes Detail, kann aber entfallen, ohne der Grundaussage Abbruch zu tun. Insgesamt liest sich die verkürzte Version auf Deutsch deutlich griffiger, da auf einen erklärenden Hinweis zur Zeitschrift verzichtet wird.

Fallbeispiel 2

Mit dem Mut zur Lücke ist, wie gesagt, das bewusste Verkürzen bzw. Weglassen ohne wesentliche Bedeutungseinbußen gemeint. Ein weiteres Beispiel dazu habe ich einer Kaffeebroschüre entnommen:

Originaltext:

Unparalleled gourmet coffee experiences with distinctive aromas and tastes.

Ein im Grunde ganz einfacher Satz. Zumindest im Original. Probleme für die griffige Übertragung ins Deutsche bereiten aber folgende Aspekte: „gourmet coffee experiences", wörtlich Gourmetkaffeeerlebnisse (oder Gourmetkaffeeerfahrungen), wäre auf Deutsch unschön lang, außerdem treffen drei e zusammen. Auch ein Bindestrich ist nicht wirklich elegant: Gourmetkaffee-Erlebnisse.

Lösungsmöglichkeit: Wir lassen das heutzutage ohnehin viel zu häufig überstrapazierte „Erlebnis" weg: „Gourmetkaffees" erfüllt den Zweck genauso und ist für das Auge deutlich gefälliger. Das Erlebnismoment lässt sich vielleicht an anderer Stelle einbauen, wenn es wirklich wichtig ist.

Der deutsche Satz könnte demnach so lauten:

Unvergleichliche Gourmetkaffees mit jeweils unverkennbarem Aroma- und Geschmacksprofil.

Durch Synonymbildungen und Wortfelder kann der Satz sprachlich, stilistisch und strategisch selbstverständlich noch weiter optimiert werden.

Fallbeispiel 3

Der CEO eines großen Medizintechnikunternehmens[34] wird zitiert:

Originaltext:

The story of MedX is one of men and women who have dedicated their lives and careers to helping real people overcome pain and disability to lead more normal, happy lives.

Die mir vorgelegte Übersetzung lautete:

MedX – das ist die Geschichte von Menschen, die ihr persönliches und berufliches Leben dem Ziel gewidmet haben, anderen Menschen beim Überwinden von Schmerzen und Behinderungen zu helfen und ihnen ein normaleres, glückliches Leben zu ermöglichen.

Mutprobe:

MedX – das ist die Geschichte von Menschen, die sich aus Überzeugung für ein gemeinsames Ziel einsetzen: anderen bei der Linderung von Schmerzen zu helfen und ihnen Mobilität und Lebensqualität zurückzugeben.

Welche deutsche Version gefällt Ihnen besser? Was wurde „weggelassen" oder verkürzt? Welche sonstigen Änderungen wurden vorgenommen? Warum? Was könnte mit noch mehr Mut noch weiter verbessert werden?

Fallbeispiel 4

Ein Sprachdienstleister wirbt in einer Hochglanzbroschüre wie folgt:

Original:

Communication is a fundamental challenge in global business. When success or failure is determined by how effectively you translate every phrase, you need a language partner with the experience, personnel and specialized expertise to get the job done right.

Die vorgelegte Übersetzung lautete:

Kommunikation ist eine grundlegende Herausforderung in der globalen Geschäftswelt. Wenn Erfolg und Misserfolg davon abhängen, wie treffend Sie jeden Satz rüberbringen, dann brauchen Sie einen Partner

34 Name wurde anonymisiert

in Sachen Sprachen, der über die entsprechende Erfahrung, das Personal und das spezielle Fachwissen verfügt, damit die Arbeit richtig erledigt werden kann.

Mutprobe (Vorschlag für eine mögliche Transkreation):

Kommunikation ist das A und O der globalen Geschäftswelt. Wenn Erfolg oder Misserfolg davon abhängen, wie treffend Sie sich in anderen Sprachen mitteilen, brauchen Sie einen Übersetzungspartner, der über die Erfahrung, Mitarbeiter und Fachkompetenz verfügt, um Ihre Kommunikation auf den Punkt zu bringen.

Abgesehen von Problemen mit dem Sprachregister[35] („rüberbringen" ist eindeutig zu umgangssprachlich für eine Imagebroschüre, die mit Seriosität und Sprachkompetenz wirbt), ist die ursprüngliche deutsche „Übersetzung" genau der Grund, weshalb „Übersetzungen" in Misskredit geraten: Sie ist viel zu wörtlich. Grammatikalisch und inhaltlich ist sie richtig und vollständig. Aber gerade für einen Sprachdienstleister, der in diesem Satz die Wichtigkeit der treffenden Kommunikation erklärt, ist die deutsche „Übersetzung" die Anti-Werbung schlechthin.

Der Kunde hatte zumindest eine ordentliche Qualitätssicherung, und so konnte die Katastrophe mit einer entsprechenden Überarbeitung rechtzeitig vor Drucklegung abgewendet werden.

Wie gefällt Ihnen die Transkreation? Ist die Mutprobe gelungen? Was würden Sie anders machen?

Das Wichtige ist, dass Sie sich trauen! Sie können das, Sie dürfen das sogar. Solange die Aussage nicht nur erhalten bleibt, sondern optimal kommuniziert und das Wesentliche herausgestellt wird. Haben Sie den Mut, einmal etwas kursiv zu setzen, wenn im Ausgangstext nichts kursiv war, verwenden Sie Klammern, wenn dies sinnvoll und logisch erscheint, statt einen komplizierten Nebensatz einzubauen. Machen Sie aus einem Satz mehrere neue Sätze, flechten Sie eine Aussage ganz woanders ein, setzen Sie einen Doppelpunkt, um ein Statement zu betonen. Machen Sie Verben aus Adjektiven, Substantive aus Verben, schaffen Sie neue Komposita – jede Sprache hat Besonderheiten, die sie einzigartig machen. Schöpfen Sie diese Besonderheiten aus, und Ihr Text wird einzigartig.

---

35 Siehe dazu auch Kapitel 6, Sprachregister

Jede Sprache hat Besonderheiten, die sie einzigartig machen. Schöpfen Sie diese Besonderheiten aus, und Ihr Text wird einzigartig.

Fallbeispiel 5

Ein neues Kaffee-Rezept wird beworben:

Original:

A childhood favourite receives an epicurean twist as ice-cold raspberry swathes the rich taste of espresso in a celebration of flavour.

Mutprobe:

Ein Kindheitstraum wird erwachsen: Gefrorene Himbeeren verleihen dem vielschichtigen Geschmack des Espresso eine erfrischend kühle, fruchtige Mitte.

Wie gefällt Ihnen die Mutprobe? Sie sehen an diesem Beispiel, dass in der deutschen Version alle wichtigen Wörter sinngemäß erhalten geblieben sind: „childhood favourite" in Form eines Kindheitstraums, „ice-cold raspberry" als gefrorene Himbeeren, „rich taste" als vielschichtiger Geschmack, „espresso" natürlich sowieso. Die für deutsche Verhältnisse schwierig zu transportierenden Formulierungen („celebration of flavour", „epicurean") hingegen wurden kulturell adaptiert bzw. neu getextet und klingen damit viel authentischer.

Den kreativen Ablauf dazu kann man sich in diesem Fall so vorstellen:

In einer Kladde wurden die Schlüsselwörter untereinander festgehalten: Kindheit, Lieblingsessen, Eis, Gefrorenes, eiskalte Himbeeren, reicher Geschmack, Espresso. Dann fing die Spielerei an: Was fällt mir dazu ein? Wie würde ich dieses Getränk bewerben? Wie spanne ich den Bogen von Kindheit zu Kaffee? Nach einigen Gedankenspielen und vielen verworfenen Ideen, immer dieses kühle, erfrischende Getränk vor Augen, kam schließlich die obige Formulierung zustande.

Aufwendig: ja. Aber eine wörtliche Übersetzung hätte mehr geschadet als genutzt. Insofern war der Aufwand also eine unabdingbare Investition.

Mein Tipp: Schreiben Sie so, wie Sie selbst schreiben würden, wäre es *Ihr* Text, *Ihr* Unternehmen, *Ihr* Produkt. Geben Sie nicht auf, bevor Sie mit dem Ergebnis zufrieden sind, auch wenn das aufwendig ist. Achten Sie darauf, authentisch, logisch und schlüssig zu bleiben. Bringen Sie Gedanken auf den Punkt und halten Sie stets den sprichwörtlichen roten Faden.

Möchten Sie Ihren Mut proben? Gleich beim nächsten Auftrag? Oder möchten Sie vorher noch ein wenig üben? In ersterem Fall wünsche ich Ihnen viel Mut, in letzterem Fall empfehle ich Ihnen die folgenden Sensibilisierungsübungen.

Übungen zur Sensibilisierung

Eine gute Übung zur Stärkung des eigenen Sprachgefühls und der Stilsicherheit besteht darin, Texte aus den für Sie relevanten Bereichen zu analysieren.

Als Übung können Sie zum Beispiel drei Anzeigen oder kurze Texte in Ihrer Zielsprache aus aktuellen Zeitschriften heraussuchen, die Ihnen gefallen, und drei, die Ihrer Meinung nach ihren Zweck (völlig) verfehlen. Begründen Sie nun, warum Ihnen die Texte gefallen bzw. nicht gefallen. Vergeben Sie anschauliche Aussagen, die Ihr Urteil möglichst in einem Wort oder in wenigen Wörtern auf den Punkt bringen. Wichtig ist dabei nicht, ob der Text Sie persönlich vom Hocker reißt, sondern ob der Zweck gut erfüllt wird. Werber sprechen in diesem Zusammenhang davon, ob eine Anzeige oder ein Werbeelement „on strategy" oder „off strategy" ist.

Mögliche Kriterien für die Beurteilung der Qualität einer Anzeige:

- Bild und Text passen nicht zusammen (inwiefern?)
- Glaubwürdige/unglaubwürdige Aussage (warum?)
- Sprachregister passt nicht (inwiefern? welches würde denn passen?)
- Langweilig/banal/ansprechend/witzig (warum?)
- Taktet zu einförmig dahin (wie könnte man das ändern?)
- „Vorschlaghammer" (inwiefern?)
- Sonstiges

Übungsbeispiel 1

Folgender Text stammt aus einer Website für Bluetooth-Minilautsprecher im Taschenformat. Auf den Bildern der Website ist eine junge Zielgruppe abgebildet. Der Sound, der beim Öffnen der Website abgespielt wird, ist jung, peppig, dynamisch.[36] Die Website ist zugleich auch das Briefing.

Das Bildmaterial (die „Visuals") zu dem zu übertragenden Text: Eine junge Frau steckt die Box in ihre Handtasche. Sie ist offenbar bei sich zu Hause und macht sich auf den Weg nach draußen, vielleicht zur Uni oder zur Arbeit oder zu einem Ausflug mit Freunden.

Der Text dazu lautet auf Englisch:

Great sound changes everything.

Turn your daytrip into a disco, make your picnic a party, watch while you work, boogie on the beach, and bring crisp, clear sound wherever you go. Because great sound makes everything better.

Die bestehende eher wörtliche deutsche Übersetzung lautete:

Ein toller Sound macht den Unterschied.

So wird dein Tagesausflug zur Disco, dein Picknick zur Party. Schau bei der Arbeit fern, tanze am Strand oder nimm den knackigen und klaren Klang überallhin mit. Ein toller Sound macht nämlich alles besser.

Mit mehr Mut wird daraus zum Beispiel:

Ein cooler Sound ändert alles.

Mach dir deinen Tag zur Party: beim Chillen, beim Workout, beim Shoppen, im Park, am Strand, auf Reisen, mit Freunden, morgens, abends, einfach so. Der glasklare, satte Sound wird dein perfekter Begleiter, wann du willst, wo du willst.

Fragen:

- Welche Version ist Ihrer Meinung nach jene, für die sich der Kunde entscheiden wird?
- Warum?

36 https://jawbone.com/speakers/minijambox

- Was unterscheidet die beiden deutschen Versionen? Wie würden Sie die Unterschiede spontan, in wenigen Wörtern beschreiben?
- Welche Version hat sich weiter vom Ausgangstext entfernt? Was könnte der Grund dafür sein?

Übungsbeispiel 2

Visual von derselben Website: Zwei Minilautsprecher stehen im 90-Grad-Winkel zueinander.

Der Text auf Englisch:

Sometimes you just want to hear more. Now you can. Activate Multi Play to connect two speakers for twice the sound. Team up with a friend to alternate songs and DJ effortlessly—just one more reason to get together.

Die eher wörtliche deutsche Übersetzung lautete:

Manchmal möchtest du einfach nur mehr hören. Das kannst du nun auch. Aktiviere Multi Play, um zwei Lautsprecher anzuschließen und so den doppelten Sound zu erhalten. Triff dich mit einem Freund/einer Freundin und wechsle zwischen verschiedenen Songs hin und her und werde mühelos zum DJ – ein weiterer Grund, sich zu treffen.

Mit mehr Mut könnte daraus werden:

Manchmal will man einfach mehr. Mehr hören zum Beispiel. Nichts leichter als das: Einfach Multi Play aktivieren, zwei Speaker anschließen, schon hast du den doppelten Sound. Oder Songs im Wechsel, mal von dir, mal vom Freund – ganz die spontanen DJs. Gemeinsam hat man schließlich die besten Ideen.

Fragen:

- Welche Version ist Ihrer Meinung nach jene, für die sich der Kunde entscheiden wird?
- Warum?
- Was unterscheidet die beiden deutschen Versionen? Wie würden Sie die Unterschiede spontan, in wenigen Wörtern beschreiben?
- Warum wurde in der „mutigeren" Version darauf verzichtet, genderkorrekt zwischen Freund/Freundin zu unterscheiden?

- Welche Version hat sich weiter vom Ausgangstext entfernt? Was könnte der Grund dafür sein?
- Prüfen Sie auch auf Rhythmus, machen Sie den „Radio-Test", lesen Sie den Text laut vor.

Schreiben Sie, so wie Sie selbst schreiben würden, wäre es *Ihr* Text, *Ihr* Unternehmen, *Ihr* Produkt.

6 Besondere Herausforderungen

Erklären statt zu belehren

Nichts ist schwieriger,
als sich einfach auszudrücken.
(Karl Heinrich Waggerl)[37]

Es klingt vielleicht paradox, ist aber tatsächlich so: Hinter den scheinbar einfachsten Lösungen steckt meist viel Arbeit. Ein Claim, der besonders eingängig, vollkommen natürlich und gar spontan klingt, wurde vermutlich in tage- oder wochenlanger Arbeit ausgetüftelt.

In der Transkreation sind wir zudem oft damit konfrontiert, dass wir etwas, was in der Ausgangssprache ganz einfach und natürlich klingt, auch in der Zielsprache ebenso einfach und natürlich wiedergeben möchten, obwohl es in der Zielkultur keine 1:1-Entsprechung gibt, das Konzept an sich vielleicht nicht einmal bekannt ist.

In einem Fachtext kann ich in der Regel den ausgangssprachlichen Terminus übernehmen und eine erklärende Fußnote oder Anmerkung einfügen, fertig.

Ein Text aber, der ein breites Publikum für sich gewinnen soll, muss beschreiben und informieren, ohne zu belehren. Ein griffiger Text hat keine Anmerkungen und keine Fußnoten, sondern baut Information wie beiläufig in den natürlichen Textfluss ein. Niemand will gern schulmeisterhaft belehrt werden. Ein Text soll zum Weiterlesen verführen, nicht mit dem Vorschlaghammer vergewaltigen.

37 http://natune.net/zitate/Karl%20Heinrich%20Waggerl

Ein griffiger Text hat keine Anmerkungen und keine Fußnoten, sondern baut Information wie beiläufig in den natürlichen Textfluss ein.

Denn wie schon zu Beginn des Buches betont wurde: Wir wollen ja Image und Umsatz ankurbeln. Da muss ich den sprichwörtlichen roten Faden halten, ohne über Fußnoten zu stolpern oder durch Anmerkungen in meinem gerade erst zart entfachten Interesse unterbrochen zu werden.

Der norwegische Werber Ingebrigt Steen Jensen schwört dabei auf die „Kraft einer guten Geschichte“:

> Wir mögen Menschen, die es verstehen, eine gute Geschichte zu erzählen. Und bei Menschen, die wir mögen, kaufen wir auch. Da es von allem ohnehin viel zu viel gibt und ohnehin alles gleich ist, können wir nämlich genauso gut – oder besser noch – bei jemandem kaufen, den wir mögen, als bei jemandem, der uns nicht für voll nimmt.[38]

Hier kommt das Konzept des „Storytelling“ zum Tragen: Gute PR- und Werbetexte handeln nämlich nicht davon, möglichst viel von etwas zu prahlen, sondern davon, etwas zu erzählen, was verständlich, sympathisch, glaubwürdig und auf Augenhöhe vermittelt wird – und das durchgehend und konsequent.

38 Steen Jensen: 2002, S. 50; meine Übersetzung

Kompliziertes muss einfach werden

Wer etwas Wichtiges zu sagen hat,
macht keine langen Sätze.
(Holger Jung)[39]

Einer der wichtigsten Texter-Grundsätze lautet: KISS.

Küssen ist damit nicht gemeint, sondern „Keep it short and simple" – fassen Sie sich kurz und möglichst einfach. Die Aufmerksamkeit der Leser wird generell ohnehin immer kürzer, Medien sprechen bereits von der „Häppchen-Mentalität". Alles sollte möglichst kurz und bündig und schnell erfassbar sein.

Ein Beispiel: Ein großer Sprachdienstleister (den ich hier einfach LinguaX nenne) wirbt in seiner Broschüre:

Originaltext:

LinguaX for success in any market. Time-sensitive. Complex terminology. Confidential. If these words describe your translation needs—then LinguaX should be your multilingual partner.

Vorgelegte Übersetzung:

LinguaX für Erfolg in jeder Sprache. Dringend. Komplexe Terminologien. Vertraulich. Wenn diese Begriffe ausdrücken, worum es bei den Übersetzungen, die Sie benötigen, geht — dann ist LinguaX Ihr Partner in Sachen Sprachen.

Nach KISS – kurz und simpel:

LinguaX für Erfolg auf jedem Markt. Dringend. Komplexe Terminologie. Vertraulich. Wenn das Ihren Übersetzungsbedarf beschreibt, dann sollte LinguaX Ihr Partner sein.

Wenn man sich die beiden deutschen Versionen ansieht, stellt man fest, dass die überarbeitete Fassung dem englischen Original sogar näher ist als die ursprüngliche deutsche Übersetzung. Warum die Übersetzung so kompliziert ausgefallen ist, weiß ich nicht. Man war offenbar bemüht, wirklich jedes

---

39 BILD-Kampagne 1999/2000

Wort wiedergeben zu wollen, auf Kosten der Verständlichkeit und Eingängigkeit. Durch die diversen Einschübe ist der letzte Satz der vorgelegten Übersetzung jedenfalls ein krasser Verstoß gegen das KISS-Prinzip. In der überarbeiteten Fassung gelingt die Wiedergabe der Aussage ohne umständliche Einschübe, und dabei ohne inhaltliche Abstriche.

Im obigen Fall war die Kürzung auf das Wesentliche vergleichsweise einfach. Was aber, wenn ich einen komplexen Sachverhalt zu vermitteln habe? Wie vermittle ich ihn so, dass er klar, unmissverständlich und ansprechend ankommt? Wie vereinfache ich Texte und Aussagen so, dass sie griffig sind, ohne an Informationsgehalt zu verlieren?

Die Antwort ist einfach, die Arbeit ist es nicht: Um sich klar, unmissverständlich und griffig ausdrücken zu können, ist Wissen das unumstößliche A und O. Sie müssen sogar *genau* wissen, was ausgesagt werden soll.

Wieder kommen wir auf die Wichtigkeit gründlicher Recherchen und Fragen zurück: Recherchieren und fragen Sie so lange nach, bis jede (auch noch so kleine) Unklarheit beseitigt ist. Siehe in diesem Zusammenhang auch Kapitel 3, *Fragen über Fragen*. Erst dann – **und nur dann** – werden Sie sich präzise und stringent ausdrücken können.

Ich empfehle stets, relevante Texte in der Zielsprache zu suchen; das Internet bietet hier eine unglaubliche Fülle. Und auch wenn dieser Tipp banal erscheinen mag: Suchen Sie nach Texten, die *nicht* aus einer Übersetzung stammen. Am geeignetsten sind jene, die von Fachleuten ihres Gebiets ohne anderssprachlichen Einfluss – sozusagen „frisch von der Leber" entstanden sind. Diese Texte sind oft wahre Goldgruben.

Sie werden sehen: Sobald Sie sich in die Thematik, den Stil und die Denkweise eines Autors, die Kultur und Angebotspalette eines Unternehmens eingearbeitet haben, wird es Ihnen wesentlich leichter fallen, die richtigen Worte zu finden und das Wesentliche gezielt auf den Punkt zu bringen. Es ist, nebenbei, auch weitaus befriedigender, etwas zu formulieren und vermitteln, das man verstanden hat, als im Trüben zu fischen und sich zu überlegen, wie man etwas möglichst so formuliert, dass niemand erkennt, dass Sie gar nicht wissen, was wirklich gemeint ist.

Wenn Sie dann eine Thematik bearbeiten, mit der Sie bisher noch nicht viel zu tun hatten, und der Kunde nach der Lieferung anerkennend meint, „Ich wusste gar nicht, dass Sie sich in diesem Bereich so gut auskennen!", wissen Sie, dass Sie alles richtig gemacht haben.

Es ist weitaus befriedigender, etwas zu formulieren, was man verstanden hat, als im Trüben zu fischen und sich zu überlegen, wie man etwas möglichst so formuliert, dass niemand erkennt, dass Sie gar nicht wissen, was wirklich gemeint ist.

Das Verkürzen und Verdichten fällt auch leichter, wenn man sich vor Augen hält, worauf es für den Leser ankommt. Kürzen ist außerdem sehr befriedigend. Kein Wunder aber, dass dann nicht nach der Anzahl von Wörtern abgerechnet werden sollte!

Eine gute journalistische Regel besagt: Was ist neu, aktuell, relevant? Das gehört vorne hin. Gekürzt wird dann von hinten.

Dabei kommt eine weitere bekannte Formel zur Anwendung: AIDA.

Nicht die Oper, so beeindruckend sie auch ist. Sondern: Attention – Interest – Desire – Action.

Das sind die Schritte, die für jeden guten Text gelten: Zunächst einmal muss die Aufmerksamkeit des Lesers geweckt werden. Dann schafft man Interesse. Dann das Bedürfnis. Dann Handlung.

Und damit der Adressat letztlich auch länger rückblickend zufrieden ist mit seiner Handlung, wird an AIDA noch ein S anhängt – Satisfaction. Ein Text soll also auch denjenigen, die bereits gehandelt haben, das Gefühl geben, das Richtige getan zu haben.

Ein Text sollte daher Aufmerksamkeit erregen, Interesse an der Thematik und in einem weiteren Schritt das Bedürfnis wecken, sich näher damit zu befassen („das will ich mir näher ansehen"), dann zur Handlung führen (ansehen, kaufen) und letztlich auch nach dem Kauf die Bestätigung vermitteln, das Richtige getan zu haben.

Der Kundenentscheidungsprozess ist somit gegliedert in:

- Bedarfserkennung
- Informationssuche

- Auswertung von Alternativen
- Kaufentscheidung
- Gedanken nach dem Kauf

Wenn Sie sich diese Schritte vor Augen halten, fällt Ihnen die Strukturierung Ihres Textes leichter. Sie wissen, was Sie für Ihre Zielkultur verkürzen und zu geeigneten „Text-Portionen" verdichten können.

Übrigens: eine Nacht darüber schlafen hilft ungemein.

Ziehen Sie Ihre Register

Kommunikation muss immer dort stattfinden,
wo die Zielgruppe ist.
(Holger Jung)[40]

Wenn mich ein Text ansprechen und zum Weiterlesen anregen soll, muss er in einer Sprache und einem Stil verfasst sein, der mir zusagt. Hier kommt nun zu allen anderen Aspekten, die ein Transkreativtexter in seiner Arbeit zu berücksichtigen hat, auch die Wahl des richtigen Sprachregisters bzw. Funktionalstils hinzu.

Der Sprachwissenschaftler Peter Schlobinski soll in einem Interview gesagt haben: „Je mehr Sprachregister man ziehen kann, desto besser!"[41] Das kann ich unterschreiben. Ganz besonders als Transkreativtexter müssen wir in der Lage sein, für verschiedenste Auftragssituationen „situationsangemessen" zu schreiben und verschiedenste Register zu ziehen.

Das Sprachregister eines Textes ist abhängig von Texttyp, Textzweck, Zielgruppe und Publikationsmedium und sollte aus dem Briefing hervorgehen.

40 www.slogans.de/magazine.php?Op=Quotes&Site=3

41 www.vds-ev.de/infobriefe2012/1021-vds-infobrief-1-2012

Sprachregister können zum Beispiel sein:

- Nüchtern
- Konservativ
- Emotional
- Höflich
- Jovial
- Kindlich
- Romantisch
- Salopp
- Ironisch
- Poetisch
- Formell
- Neutral
- Euphemistisch
- Fachsprachlich
- Hochsprachlich
- Umgangssprachlich
- u. v. m.

Anwendungsbeispiele:

Ein höfliche, freundliche, respektvolle Sprache ist angebracht, wenn mir Seriosität wichtig ist, eine vertraute, individuelle Ansprache hingegen, wenn ich ein persönliches Naheverhältnis betonen möchte (Beispiel: IKEA).

Eine sachliche, objektive, analytisch-genaue, fachgerechte Sprache passt zu einem vordergründig wissenschaftlichen Text oder einer Werbung, die in einer professionellen Zielgruppe mehr mit Fakten als durch Emotion überzeugen will.

Freier, individuell, locker, aber dennoch normgerecht ist der Sprachduktus beispielsweise in einem journalistischen Artikel.

Relevant ist in diesem Zusammenhang unter Umständen auch der *Dialekt* (was eine regionalsprachliche Abstimmung des Textes erfordert) oder der *Soziolekt* (sprachliche Abstimmung des Textes in Abhängigkeit von Aspekten wie Alter, Bildungsstand, Geschlecht).

Das Sprachregister ist zudem auch in Abhängigkeit vom Publikationsmedium zu wählen (Soziale Medien, Tageszeitung, Jugendmagazin, Plakatwand, Radio, …)

Das richtige Sprachregister gemäß Texttyp, Textzweck, Zielgruppe und Publikationsmedium zu wählen ist überaus wichtig. Ein (aus Unwissenheit oder Gedankenlosigkeit) falsch gewähltes Sprachregister kann leicht zum Bumerang werden.

Beispiel gefällig?

In einer Pressemitteilung, die generell sehr faktenlastig und nüchtern gehalten war, wollte der Übersetzer das englische „Ms. X/she said" variieren. Im Englischen ist es völlig legitim und sogar üblich, mehrmals hintereinander „she said" zu verwenden. Auf Deutsch berichten, betonen, erklären, unterstreichen, erläutern, resümieren, bestätigen wir und dergleichen mehr.

Im konkreten Fall hatte der Übersetzer „sie hob an" als eine besonders schöne Variante empfunden („Mit diesen neuen Features werden wir den deutschen Markt revolutionieren", hob die Produktmanagerin an). Diese eher literarische Ausdrucksform wirkt in einem ansonsten sehr nüchtern gehaltenen Text nicht nur deplatziert, sondern geradezu ironisierend – der Leser könnte den Text als versuchte Persiflage empfinden – was ganz und gar nicht der Intention des Auftraggebers entspricht.

Ein anderes Beispiel aus meiner Sammlung: In einem Preisausschreiben eines Diätprodukteherstellers winkte als Hauptgewinn ein Aufenthalt in einem exklusiven Resort mit unter anderem folgenden Vorzügen:

Original:

You'll have a chance to enjoy the resort's central lagoon—a 250,000 gallon, free-form swimming pool, a newly-renovated 2-story fitness area, and lighted tennis courts.

Die vorgelegte Übersetzung lautete:

Sie können sich auf der zentral gelegenen Lagune des Erholungszentrums verlustieren, einem Freiformschwimmbad von ca. einer Million Liter Wasser, das neu renovierte 2-geschossige Fitness-Zentrum besuchen oder die beleuchteten Tennisplätze ausnutzen.

Dieses Beispiel ist mit Sicherheit besonders krass. Dennoch: es ist real und wurde so vorgelegt. Und ist beileibe kein Einzelfall. Abgesehen von einigen anderen Formulierungsmängeln ist im Kontext des Sprachregisters speziell das Wort „verlustieren" von Interesse. Es ist deutlich antiquiert und wird heutzutage höchstens scherzhaft verwendet. Viele deutsche Muttersprachler werden es nicht kennen und bestenfalls amüsiert erahnen. Auch das Erholungszentrum ist ein Griff in das falsche Register. Was stellen Sie sich darunter vor? Ein Kurbad für Erholungssuchende? Eine Reha-Anstalt? Oder tatsächlich ein luxuriöses Hotelresort? Der Hinweis auf ca. eine Million Liter Wasser im Schwimmbad macht den Text endgültig lächerlich.

Die überarbeitete Version lautete demnach:

Genießen Sie die zentrale „Lagune" des Resorts mit seinem riesigen, tropisch angelegten Designerpool, das neu renovierte 2-geschossige Fitness-Zentrum sowie unsere Tennisplätze mit Flutlicht.

Wie Sie sehen, wurde ein relativ neutrales Sprachregister gewählt („genießen" statt verlustieren), das „Freiformschwimmbad" mit der „ca. 1 Million Liter Wasser" (worunter sich vermutlich die Wenigsten sonderlich viel vorstellen können) wurde im Sinne von KISS zu einer anschaulichen „Lagune" mit einem Designerpool, das nach entsprechenden Recherchen als „tropisch angelegt" beschrieben wurde. Sicher gibt es für die Überarbeitung verschiedene Lösungsmöglichkeiten; wir können jedoch getrost davon ausgehen, dass die oben wiedergegebene überarbeitete Version wesentlich anschaulicher, verständlicher und wirksamer ist als die ursprünglich vorgelegte „Übersetzung". Aber hätte der (in diesem Fall amerikanische) Kunde die Unterschiede einschätzen können? Hätte das standardmäßige „Proofreading" der Übersetzung die stilistischen Mängel aufgezeigt? Oder hätte es sich definitionsgemäß auf das Korrigieren von Tipp- und Grammatikfehlern beschränkt?

Claims, Slogans, Headlines

Diese Textsorte ist mit Sicherheit eine der größten Herausforderungen. Sie fallen für mich in die Kategorie „Wenige Wörter, ein umfassender Prozess" und gehen meist mit einer völligen Neukonzeption einher.

Worin besteht nun der „umfassende Prozess"?

„Wir haben uns für Werbekampagnen schon bis zu 600 taugliche Slogans ausgedacht, bis wir den besten hatten", soll kein geringerer als Jean-Remy von Matt gesagt haben, und diese Erfahrung werden viele bestätigen können.

Dies gilt ganz besonders für knackige Claims oder kurze Anzeigentexte. Allein die Zeit für ein ausführliches Briefing ist nicht zu unterschätzen. Hinzu kommt die Zeit für Recherchen und Brainstorming. Anschließend die Zeit für das Sichten, Aussortieren, Strukturieren. Die Zeit für die schöpferischen Pausen – und zwar Pausen nicht im Sinn von entspanntem Nichtstun, sondern Pausen, in denen Sie besonders schöpferisch sind, in denen das Gehirn zur Hochform aufläuft und neue Verknüpfungen herstellt.

Folgende Claims sind für mich anschauliche Beispiele dafür, wie unübersetzbare Botschaften in ihrer Quintessenz erfasst und in einer anderen Sprache völlig neu erdacht wurden. Ich war selbst nicht dabei, aber ich bin mir sicher, dass hier der ganze Prozess von Briefing über Recherchen, Brainstorming, Neukonzeption und vielen kreativen Spielstunden durchgezogen wurde:

- American Express: Don't leave home without it. Deutsch: Bezahlen Sie einfach mit Ihrem guten Namen.
- BMW: Freude am Fahren. Englisch: The ultimate driving machine.
- Audi: Vorsprung durch Technik. Englisch: Truth in Engineering.

Würden Sie einen guten Claim anhand der folgenden Wortspielvorlagen finden, ohne den umfassenden Prozess (Briefing, Recherchen, Brainstorming, Sichten, Auswählen, Strukturieren, Vertiefen, Verdichten) zu durchlaufen? Testen Sie sich selbst:

- Bounty (Küchenrolle): The quicker thicker picker upper.
- Garnier (Hautpflege): Take care.
- BIPA: Tierschutz können Sie sich abschminken. (Werbung für tierversuchsfreie Abschminkprodukte.)

Was den Zeit- und Kostenaufwand betrifft, veranschaulichen die oben zitierten 600 tauglichen Slogans ohnehin gut, wie viel Arbeit in einem oberflächlich so kurzen Text steckt. Ein guter Slogan ist außerdem in Abhängigkeit von Größe und Umsatz des Unternehmens ein sehr wertvolles geistiges Eigentum und sollte daher diesem Wert entsprechend honoriert werden.

Um Ihnen eine Vorstellung zu geben: Sofern eine Transkreation eine komplette Neukonzipierung erfordert, ist diese preislich analog zum ausgangssprachlichen Text anzusetzen. Anders ausgedrückt: Wenn die Konzeption des Ausgangstextes beispielsweise 15.000 Kreativgulden gekostet hat, sollte sich Ihr Kunde darauf einstellen, dass sich die Neukonzeption im Zieltext in ähnlicher Höhe bewegt.

Übersetzer neigen mehrheitlich dazu, ihre Kompetenz viel zu bescheiden einzuschätzen. Auch wenn sie über jahrzehntelange interkulturelle Erfahrung verfügen und viele Stunden oder gar Tage an einem Auftrag sitzen, habe ich häufig schon zu hören bekommen: „Aber ich kann doch nicht so viele Stunden abrechnen, das glaubt mir der Kunde nie." Oder „Wenn ich so viele Stunden abrechne, glaubt der Kunde, ich sei inkompetent." Oder gar „Ich *kriege* aber nur 0,x Kreativgulden pro Wort."

Liebe Kolleginnen und Kollegen: Es mag durchaus sein und ist vermutlich sogar die Regel, dass der Kunde keine Ahnung hat, wie viel Aufwand mit einer transkreativen Arbeit verbunden ist. Es ist auch keine Frage, wie viel Sie *„kriegen"*, sondern welchen Preis Sie selbst für Ihre Arbeit ansetzen. Es liegt an Ihnen, Ihren Aufwand für den Kunden nachvollziehbar darzulegen, denn Sie sind der Profi. Der Kunde kauft eine Leistung ein und darf zu Recht erwarten, dass Sie ihm erklären, was warum wie viel kostet.

Nutzen Sie in diesem Fall gern die Argumente, die ich Ihnen in Kapitel 8, *Die Kostenfrage*, ans Herz lege.

Sofern eine Transkreation eine komplette Neukonzeption erfordert, ist diese preislich analog zum ausgangssprachlichen Text anzusetzen.

Übrigens: Wenn Sie selbst keine Transkreationsleistungen anbieten möchten oder können, sollten Sie Ihren Kunden dennoch über die Unterschiede und Anforderungen aufklären (siehe Kapitel 8) und nach Möglichkeit jemanden empfehlen, der diese Leistung übernehmen kann. Damit erweisen Sie sich als kompetenter, souveräner Berater Ihres Kunden. Er wird diese Professionalität zu schätzen wissen.

Bild-Text-Kongruenz

Es wurde schon mehrfach angesprochen und sollte eigentlich auch klar sein, dass Text und Bildmaterial in ihrer Aussage übereinstimmen müssen. Stellen Sie sich zum Beispiel vor, Sie haben einen Text zu bearbeiten, der Wortspiele enthält, und die Bilder dazu spielen darauf an. Wortspiele sind aber in der Regel nicht 1:1 in eine andere Sprache übertragbar, Sie müssen also etwas Neues erfinden. Und was ist, wenn dieses Neue ganz und gar nicht zum zugedachten Bild passt?

Eine Katastrophe, wenn es auch anschließend niemanden gibt, der die Kongruenz prüft, und die Komposition aus altem Bild und neuem Text in Druck geht. Dies kann Ihnen vor allem dann passieren, wenn eine Broschüre nicht im Zielland geprüft wird, sondern im Land der Ausgangssprache – in dem man den neuen Text vielleicht gar nicht beurteilen kann und aus Unwissenheit davon ausgeht, dass die Kongruenz gegeben ist.

Wenn man dies nicht im Vorfeld klärt, sind Probleme schon vorprogrammiert.

Mein Tipp: Fragen Sie auf jeden Fall nach, ob Bildmaterial vorhanden ist. Die Adaption wird dadurch um so viel besser ausfallen, dass sich die Mühe für den Kunden lohnen wird. Erklären Sie dies dem Kunden auch genau so. Die meisten Projektmanager wollen bei ihren Vorgesetzten punkten, und einen guten Dienstleister gefunden zu haben, bringt in der Regel Punkte ein. Helfen Sie dem Projektmanager also, durch Sie und Ihre Arbeit bei seinen Vorgesetzten positiv aufzufallen.

Versuchen Sie in Ihrer Argumentation stets, aus der Sicht Ihres Gegenübers zu denken. Geben Sie ihm einen guten Anreiz, um Ihnen jede Hilfestellung zukommen zu lassen, die Ihre Arbeit besser (und leichter) macht.

Wenn kein Bildmaterial aufzutreiben ist, fragen Sie, ob zumindest Beschreibungen geliefert werden können. Wenn auch dies nicht möglich ist, fertigen Sie Ihre Adaption nach bestem Dafürhalten an und weisen Sie bei der Lieferung noch einmal explizit und deutlich darauf hin, dass die Arbeit ohne das dazugehörige Bildmaterial erfolgt ist und Sie daher keine Verantwortung übernehmen können, wenn die Texte nicht den zugedachten Visuals entsprechen.

Der Asterix-Effekt

Falls Sie als Profi den Asterix-Effekt noch nicht kennen: Keine Bange, das ist keine Wissenslücke. Ich habe die Bezeichnung soeben erfunden, weil sie mir so anschaulich erscheint und eine perfekte Ergänzung meiner Ausführungen zur Bild-Text-Kongruenz im vorherigen Abschnitt darstellt.

Kürzlich kam nämlich der neueste Asterix-Band in deutscher „Übersetzung" heraus, und dazu stieß ich in unserer lokalen Tageszeitung auf ein überaus lesenswertes Interview mit dem Übersetzer Klaus Jöken[42].

Herr Jöken erzählt von den größten Schwierigkeiten für die Übertragung der Asterix-Texte aus dem Französischen ins Deutsche:

> Die meisten Wortspiele ergeben übersetzt gar keinen Sinn oder sind einfach nicht mehr lustig. [...] Oberstes Ziel ist, dass man beim Lesen der deutschen Ausgabe genauso lacht wie bei der französischen Version. Wenn ich die ursprünglichen Gags durch eigene ersetze, müssen sie sich natürlich problemlos in die Handlung einfügen, außerdem zu den Bildern und – wie bereits erwähnt – auch in die Blasen passen.

Der Asterix-Effekt illustriert mithin eine mehrfache Problematik, wie sie bei Transkreationen häufig anzutreffen sind:

1. Wortspiele müssen neu erfunden werden.
2. Diese müssen sich in den restlichen Textduktus einfügen.
3. Sie müssen Platzbeschränkungen erfüllen.[43]

Klaus Jöken betont:

> Für Laien mag es seltsam klingen, aber am wichtigsten ist, dass der Text am Ende in die Sprechblasen passt. [...] Selbst der tollste Gag ist nichts wert, wenn er zu viel Platz einnimmt.

Platzbeschränkungen: Eine nicht zu unterschätzende Herausforderung, die aber im Grunde, bei entsprechender Kommunikation mit dem Auftraggeber,

---

42 Salzburger Nachrichten, 21. Oktober 2015, S. 7

43 Übersetzungen etwa aus dem Französischen und Englischen werden im Deutschen erfahrungsgemäß um bis zu 20 % länger. Wenn der Platz auf Basis des Ausgangstextes beschränkt wird, muss man zusätzlich also noch geschickt kürzen. Bei Asterix muss der längere Text in die Sprechblase passen.

sicherlich leicht lösbar wäre. Dem Übersetzer Jöken ist es in diesem Fall gelungen, sich dem Auftraggeber gegenüber sichtbar zu machen, von ihm auf Augenhöhe wahrgenommen zu werden: Er hat ihm die Problematik erläutert. Der Asterix-Zeichner Didier Conrad hat daher laut Jöken im neuesten Band viel Raum in den Sprechblasen gelassen. Für den Zeichner keine große Sache, für den Übersetzer jedoch eine gewaltige Erleichterung. Hätte er dies nicht überzeugend kommuniziert, müsste er weiterhin mit dieser zusätzlichen Problematik kämpfen, was durchaus die Qualität der Übertragung beeinträchtigen könnte. Dem Auftraggeber sollte in seinem ureigenen Interesse daran gelegen sein, dem Transkreativtexter die möglichst ausschließliche Fokussierung auf die textuellen Aspekte zu ermöglichen, ohne in seiner Kreativität durch layoutbedingte Einschränkungen gehemmt zu werden. Es profitieren beide Seiten davon!

In der Übertragung der Asterix-Texte kommt ein weiterer Aspekt zum Tragen, der für die Transkreation ebenfalls überaus relevant sein kann: Die Texte, Wortspiele und Gags müssen eine breite, durchwachsene Leserschaft ansprechen.

Jöken:

Diese Serie wird von allen verschlungen, also von Lesern jeden Alters und von allen Gesellschaftsschichten. Das bedeutet, man muss für gebildete Akademiker anspruchsvolle Wortspiele einflechten, trotzdem soll sich alles so locker und leicht lesen, dass selbst ein achtjähriges Kind die Handlung versteht und seinen Spaß hat.

Können Sie sich vorstellen, wie viel Wissen und Erfahrung sowie Tüfteln, Recherchen, Polieren und Feilen dazu gehört, um diese Herausforderung zu meistern? Und wie viel Zeit dieses Tüfteln und Recherchieren, Polieren und Feilen in Anspruch nimmt?

Klaus Jöken setzt für Asterix „vier Monate konkrete Übersetzungszeit" an. Das veranschaulicht recht gut, wie zeitintensiv sich exzellente transkreative Arbeit auch für erfahrene Vollprofis gestaltet.

7 Merkmale guter Texte

Schreibe nie eine Anzeige, die du deiner eigenen Familie nicht zeigen würdest.
(David Ogilvy)[44]

Freude am Perfektionismus

Mit jeder Übersetzung, die Sie abliefern, sollten Sie in jeder Hinsicht zufrieden sein; so zufrieden nämlich, dass Sie die Übersetzung auch zu einem späteren Zeitpunkt nochmals gerne zur Hand nehmen. „Take pride in what you do" sagen etwa die Amerikaner dazu, und dem schließe ich mich an, auch wenn ich mit dem Wort „Stolz" sonst sehr vorsichtig umgehe. Hier aber trifft es zu: Ich möchte etwas liefern, worauf ich stolz sein kann.

Freude am Spiel mit der Sprache und an einem gelungenen Produkt, auch wenn dies Disziplin und eine selbstkritische Herangehensweise erfordert, ist demnach unerlässlich.

Diese Einstellung scheint jedoch immer seltener zu werden. Und das empfinde nicht nur ich so: auch andere (Kreativ-)Kollegen bestätigen ähnliche Erfahrungen. So wird offenbar immer mehr auf das Lektorat abgewälzt, nach dem achselzuckenden Motto „da ist mir auf die Schnelle nichts eingefallen" oder „das hab ich nicht verstanden, aber es wird ja eh noch geprüft", „da mach ich mir jetzt keinen Kopf, sollen die das machen". Zumindest landen auf meinem Tisch immer mehr Übersetzungen, deren Auftrag „Korrekturlesen" lautet, aus denen man aber spätestens im zweiten Absatz ein mehr oder weniger großes Desinteresse des Übersetzers an einem gelungenen Produkt herausliest.

Vielleicht liegt die vermeintliche Lustlosigkeit und Disziplin aber auch an einer schlechten Bezahlung. Dann ist Verhandeln angesagt. Ein gutes Produkt braucht Zeit. Stellen Sie diese Zeit in Rechnung. Und wenn Sie Argumentationshilfen benötigen, finden Sie einige im Kapitel 8 *Die Kostenfrage*.

---

44 Frei nach: Ogilvy, 2004 (1963), S. 127: „Never write an advertisement which you wouldn't want your own family to read."

Recherchiert und fundiert

Das mag sich anhören wie eine Platte mit Sprung, ich kann es aber nicht oft genug betonen: Was Sie übersetzen, adaptieren und transkreieren, muss in jeder Hinsicht recherchiert und fundiert sein. Jede Unsicherheit, und sei sie noch so klein, sollte ausgeräumt sein. Und Ausreden gibt es keine mehr. Denn auch wenn Referenzmaterial nicht gestellt wird: Mit den heutigen Möglichkeiten im Internet war Recherchieren noch nie so einfach.

Recherchen können vielerlei Formen annehmen und zu verschiedenen Zwecken erfolgen. Häufig setze ich verschiedene Recherchen zur mehrfachen Absicherung ein (10–20 geprüfte Quellen sind dabei keine Seltenheit), etwa zum:

- Erfassen von Fakten zum Thema
- Sammeln von Formulierungsideen
- Überprüfen von Terminologien
- Gegencheck anhand verschiedener Online-Wörterbücher
- Überprüfen grammatikalischer Zweifelsfälle
- Sicherstellen der Einzigartigkeit (oder Gängigkeit) einer Formulierung
- Überprüfen von Zitaten, Namen, Schreibweisen, Quellen

Aufwendig, meinen Sie? Oh ja. Aber genau das ist der Punkt: Je besser der Text ist, desto mehr Aufwand steckt in der Regel dahinter. Hatte ich das schon einmal erwähnt?

Der Blick fürs Ganze

Wenn es um Bedingungen für gelungene Transkreationen geht, darf auch der Aspekt von Translation-Memory-Programmen nicht außer Acht gelassen werden. Diese tragen mit Sicherheit zu einer Verkümmerung der stilistischen Wahrnehmung bei, zwingen sie doch zu einem stark segmentierten „Satz-für-Satz"-Denken. Der Blick für den Gesamteindruck (wie fließt der Text insgesamt?) kommt dabei zwangsläufig zu kurz. Auch das ist etwas, was vor allem Übersetzungsagenturen häufig vor Augen geführt werden muss. Ein TM-System ist für Textsorten, die Image oder Umsatzzahlen positiv (wie auch negativ!) beeinflussen können, nicht zielführend. Es mag allenfalls für die Rohübersetzung dienlich sein (etwa um fachterminologische Richtigkeit oder konsequente Beachtung kundenspezifischer Eigenheiten zu gewährleisten), ist aber für den stilistischen Feinschliff, den diese Textsorten erfordern, absolut ungeeignet. Wie soll ich zum Beispiel in einem satzweise vorsegmentiertem Modul Sätze verschieben können, zum Beispiel vom Anfang eines Absatzes an das Ende dieses Absatzes? Wie soll ich mich auf den natürlichen Fluss eines Textes konzentrieren können, wenn ich mich an ein starres Satzgerüst halten muss? Wie soll ich die bereits mehrfach angesprochene „Optik" eines Textes beachten können, wenn alles in Zellen wie in einem Rechenblatt gepackt wird?

Dabei ist griffiges Schreiben, wie schon eingangs betont, nicht nur ein Muss für Pressemitteilungen, Website-Inhalte, Image-Broschüren und sonstige Werbe- und PR-Produkte im engeren Sinn. Fachartikel etwa, deren Aussagen mitunter an sich schon schwer verdaulich sind, sollten sich ebenfalls angenehm lesen und Inhalte klar und zügig auf den Punkt bringen. Auch wenn das mehr Arbeit erfordert. Denn, wie jeder Autor und Texter weiß:

Nichts ist schwieriger, als sich einfach auszudrücken. Technische Bedingungen sollten es nicht noch schwieriger machen.

Tipp

Translation-Memory-Systeme sind dennoch durchaus nützlich. Arbeiten Sie zum Beispiel wesentliche Formulierungen, auf die Sie für einen Kunden immer wieder zurückgreifen möchten, in ein Translation-Memory-System ein. Mit Hilfe der Konkordanzsuche haben Sie diese dann schnell zur Hand und gehen sicher, die vom Kunden gewünschte und abgesegnete Version zu verwenden, ohne lange in Referenzmaterialien suchen zu müssen.

Zusammenfassung

Gute Texte ...

... sind präzise und prägnant. Verschachtelte, komplizierte Konstruktionen und abgegriffene Wendungen und Worthülsen gilt es zu vermeiden. Jedes Wort muss seine Berechtigung haben.

... regen den Leser zum Mitdenken an. Sie setzen an einem Punkt an, dem der Leser zustimmen kann und führen ihn von dort aus weiter. Sie versuchen nicht, ihm etwas einzureden, was ihm unglaubwürdig erscheint oder seinen Anschauungen und Erfahrungen widerspricht. Da würde er mental sofort abblocken.

... sind gut recherchiert und fundiert. So ist ein guter Transkreativtexter von sich aus neugierig und immer auf der Suche nach noch griffigeren, noch originelleren Ideen.

8 Die Kostenfrage

Teuer ist nur das,
was die Sache nicht wert ist.[45]

Wenn Sie so ticken, wie viele andere, sind Sie vom Inhaltsverzeichnis direkt zu diesem Kapitel gesprungen. Das gefällt mir! Sie beweisen damit, dass Sie auch unternehmerisch denken, und als Dienstleister sollten Sie wissen, was Ihre Arbeit wert ist.

Dieses Kapital fasst daher die wichtigsten Argumente für Ihre Preisfindung und Verhandlungen zusammen, geht allerdings nicht in jedem Detail in die Tiefe. Dazu müssen Sie schon auch den Rest des Buches lesen. Dann wird Ihnen nämlich die Antwort auf die Frage nach den Kosten einer Transkreation ganz leicht fallen. Denn diese lautet einfach:

Transkreation kostet Zeit.

Das ist das erste, was Sie sich selbst und Ihrem Kunden klarmachen müssen.

Anders ausgedrückt: Damit eine „Übersetzung" griffig wird und Image bzw. Umsatzzahlen steigern kann, muss sich der Experte ausreichend Zeit nehmen, um den übersetzten Text nach bestimmten Gesichtspunkten zu überarbeiten. Und diese Zeit ist dann in Rechnung zu stellen.

So einfach ist das, werden Sie sagen? Ja, so einfach ist das. Natürlich nur, wenn man die Zeit zu nutzen versteht.

Die Kosten für den Aufwand, wenn man wirklich transkreativ arbeitet, werden im Allgemeinen zu niedrig angesetzt. Dies liegt vor allem daran, dass sowohl die erforderliche Expertise als auch der erforderliche zeitliche Aufwand erheblich unterschätzt werden.

Wie kann ich dem entgegenwirken? Und vor allem: Wie kann ich dem Kunden klarmachen, was dahintersteckt?

---

45 Meine Devise.

Wie beantworte ich Anfragen

Wenn Sie das Buch bis hierher gelesen haben, haben Sie bereits einen sehr guten Eindruck von den vielen Schritten und Aspekten gewonnen, die in die transkreative Arbeit einfließen. Generell empfehle ich folgende Argumentationslinie, von der Sie sich am besten Ihre eigene persönliche Argumentationstaktik ableiten:

- Zeigen Sie, dass Sie wissen, wovon Sie sprechen; Sie sind der Profi!
- Unterbreiten Sie den geschätzten Zeitaufwand.
- Veranschaulichen Sie den Aufwand kurz anhand von 1-2 Beispielen.
- Zeigen Sie Problemlösungsbereitschaft.
- Achten Sie darauf, dass Sie nicht emotional, verzweifelt, überheblich oder verärgert wirken. Bleiben Sie sachlich und objektiv.
- Seien Sie bereit, einen Auftrag abzulehnen, wenn die Konditionen nicht stimmen; lehnen Sie höflich unter Hinweis auf Ihren (nachvollziehbar dargelegten) Aufwand ab.

Zu letzterem Punkt, das Ablehnen von Aufträgen:

Dies mag zwar hart klingen, ist aber für den Aufbau Ihrer Reputation unabdingbar. Wenn Sie zuerst Ihre Konditionen nennen und dann doch das Dumpingangebot annehmen, ist Ihre Glaubwürdigkeit verloren, schlimmstenfalls für immer.

Gelegentliche Ausnahmen sind natürlich möglich und auch sinnvoll, wenn Sie sie entsprechend logisch begründen und auf die Einmaligkeit hinweisen, zum Beispiel ein Kennenlernangebot, oder ein geringerer Preis, weil Ihnen das Anliegen wichtig ist, oder weil Sie sich die Zeit dazu selbst einteilen können und Ähnliches. Setzen Sie hier Ihre eigenen Prioritäten.

Obige Argumentationslinie habe ich für mich zudem in eine einfache Antwortformel gepackt. Sie ist angelehnt an das englische Wort „track" – beobachten, verfolgen, nachvollziehen. Und genau das ist das Ziel: den Aufwand nachvollziehbar zu machen.

Diese Formel, die im Grunde für jede Anfrage verwendet werden kann, lautet: **TRACC**.

- **T**hank (danken)
- **R**eason (begründen)
- **A**ssistance (Hilfe anbieten/Lösungsbereitschaft zeigen)
- **C**ost (Kosten beziffern)
- **C**all to action (Aktion anstoßen/Rückmeldung anfordern)

Dazu zwei Beispiele, wie diese Formel in der Praxis umgesetzt werden kann.

Beispiel 1

Antwort auf die Anfrage einer Agentur zu einer „kostenlosen Testübersetzung" eines „Marketingtextes" für einen potenziellen Neukunden:

Sehr geehrter Herr XXX,

vielen Dank für Ihre Anfrage. **[Thank]**

Beachten Sie jedoch, dass ich „Marketingübersetzungen" (bei denen noch viele Überarbeitungsschritte zusätzlich zur eigentlichen Übersetzung erforderlich sind) nicht gratis erbringe. Diese Arbeit ist sehr zeitaufwendig: Zeit für Recherchen, das Sammeln von Ideen, Polieren und nochmals Polieren, mehrmaliges kritisches Lesen und nochmals Polieren und Feilen, um einen wirklich griffigen, kulturell adäquaten Zieltext zu gewährleisten. Hier soll immerhin etwas verkauft werden, und zwar möglichst viel! **[Reason]**

Gerne helfe ich Ihnen jedoch, diesen Kunden zu gewinnen **[Assist]**, und biete Ihnen an, den Auftrag angesichts des geschätzten Zeitaufwands von 3 Stunden zu XXX Euro zu übernehmen. **[Cost]**

Bitte teilen Sie mir so rasch wie möglich mit, ob Sie damit einverstanden sind, damit ich das Projekt entsprechend einplanen kann. **[Call to action**]

Mit freundlichen Grüßen

YYY

Beispiel 2

Antwort auf eine Anfrage zur Übersetzung eines „recht einfachen" Firmen-Newsletters:

Sehr geehrte Frau XXX,

besten Dank für Ihre Anfrage. **[Thank]**

Der Text erscheint einfach, aber hinter den besten einfachen Texten steckt meist sehr viel Arbeit. Ein ganzer Prozess sogar. Auf einen einfachen Nenner gebracht erfordert dieser Auftrag zunächst eine Übersetzung und anschließend eine stilistische Überarbeitung und kulturelle Adaption in mehreren Schritten (ich wende dafür einen Qualitätssicherungsablauf in 10 Schritten an). **[Reason]**

Für die Entwicklung eines ebenso griffigen Textes auf Deutsch wie auf Englisch veranschlage ich auf der Grundlage des zugesandten Dokuments einen Aufwand zwischen X und Y Stunden bei einem Stundenpreis von Z EUR. **[Assist/Cost]**

Bitte geben Sie mir bis heute spätestens 16 Uhr Bescheid, ob ich diesen Auftrag einplanen soll. Über eine produktive Zusammenarbeit würde ich mich sehr freuen! **[Call to action]**

Mit freundlichen Grüßen

YYY

Tipps zur Aufwandsberechnung

Sie haben nun überzeugend argumentiert, dass mit einer Transkreation viel Arbeit verbunden ist. Der Kunde will natürlich wissen, mit welchen Zahlen er konkret rechnen muss und bittet um einen Kostenvoranschlag.

Wie können Sie den Aufwand möglichst gezielt abschätzen?

Ich selbst habe für die meisten meiner Kunden Erfahrungswerte anhand eines Zeiterfassungsprogramms entwickelt. Falls Sie dies nicht ohnehin bereits tun, fangen Sie am besten gleich damit an, auch zur eigenen Kontrolle.

Es gibt einfache und sehr bedienfreundliche Programme zu diesem Zweck, etwa TimeStamp oder Toggl (beide kostenlos herunterladbar unter www.syntap.com bzw. www.toggl.com).

Wenn Erfahrungswerte fehlen, gehe ich die Texte nach verschiedenen Kriterien durch (Überschriften, Wortspiele, Schwierigkeitsgrad) und rechne mir anhand dieser Liste einen Endpreis aus. Anregungen dazu finden Sie auf der nächsten Seite.

Tipps für Berechnungsmöglichkeiten, wenn Erfahrungswerte fehlen

Prüfen Sie die Texte auf:

- Überschriften: Wie viele sind es und wie schwierig sind sie. Setzen Sie als Rechenhilfe für jede Überschrift einen Preis gemäß Ihrem überschlagsweise geschätzten Aufwand an.
- Wortspiele: ebenfalls überschlagen wie oben.
- Fachliche Komplexität bzw. geschätzter persönlicher Rechercheaufwand
- Qualität des Ausgangstextes – je schlechter, desto aufwendiger die „Übersetzung"
- Zeitaufwand für Briefing
- Grober Orientierungswert bei umfangreichen Texten: Wortzahl des Fließtextes und prozentualer Aufschlag auf den normalen Wortpreis je nach Komplexität
- Slogans/Claims: komplett extra – eigener Auftrag (incl. Briefing)
- Kostenvoranschlag mit Spanne ± 15 % je nach tatsächlichem Aufwand
- Extra: Zeitaufwand für ggf. mehrfaches Hin und Her, bis der Kunde zufrieden ist
- Extra: Zeit für Korrekturlesen der Druckfahnen (mitunter mehrere Durchläufe nötig – abhängig von Kompetenz des DTP) – nach tatsächlichem Aufwand (offen lassen)
- Generell: Abrechnung entweder nach Stunden oder Festpreis/Projektpreis.

Abrechnung von Slogans/Claims

Diese Form der Arbeit versteht sich inklusive Briefing, Recherchen, Brainstormings etc. 1–2 Tagessätze sind durchaus üblich, ebenso muss die Honorierung für Nutzungsrechte vereinbart werden. Diese können zeitlich oder räumlich (gestaffelt nach Regionen) begrenzt werden. Ich persönlich ziehe es vor, räumlich und zeitlich unbeschränkte Nutzungsrechte zu erteilen, da ich in der Regel wenig Kontrolle über die tatsächliche Nutzung habe und dies auch nicht beobachte.

Der Kostenvoranschlag für den Kunden könnte daher zum Beispiel so lauten:

„Festpreis für Entwicklung eines Claims auf Basis des erteilten Briefings: XXX Kreativgulden. Falls der Claim in Verwendung genommen wird, fällt ein weiteres Honorar in Höhe von XXXX Kreativgulden an. Mit Eingang der Zahlung dieses Honorars erwirbt der Käufer ein räumlich und zeitlich unbeschränktes Nutzungsrecht an dem Claim."

Kostenvoranschlag für Fach- oder Werbetext?

Ein Kollege fragte unlängst bei mir an, was ich für einen Text über hochwertige Schuhe berechnen würde, der als Anzeige in einigen Fachmagazinen vorgesehen war. Der Text war aufgrund seines Anzeigeformats als Werbung eingeordnet worden, andererseits bestand die Herausforderung hier eher darin, die Fachterminologie zu beherrschen und geschickt zu verpacken als strategisch griffige Formulierungen und clevere Wortspiele zu erfinden.

Als Anschauungsbeispiel für die Zwecke dieses Kapitels habe ich einen Text über Wanderschuhe aus dem Internet herausgesucht:[46]

Tudela Light Lady GTX®

The Tudela light Lady GTX® is an exceptionally lightweight boot for relaxed hiking and walks.

Details

- Cemented construction, easy to resole
- Durably waterproof and breathable GORE-TEX® lining
- Straight Fit Last – provides more space for the toes by allowing the big toe to assume straighter position
- Vibram sole
- Clamping lace hooks on top section of uppers for precise and rapid lacing
- ...

und so weiter.

Meine Analyse und Empfehlung an den Kollegen:

„Meines Erachtens ist das eigentlich kein Werbetext, sondern ein Fachtext. Hier ist ja nicht wirklich adaptives/kreatives Neutexten gefragt, sondern es geht vor allem um die richtige Terminologie.

Der Kunde kommt zu dir, weil du der Experte bist, du arbeitest schon lange für ihn. Die Übersetzung per se betrachte ich als hochspezialisierte Fachübersetzung und nicht als „Transkreation". Es kommt nun eher darauf an, wie viel du noch recherchieren musst und inwieweit der Kunde mit dem Preis für Recherchen einverstanden ist. Du solltest, wenn du den Auftrag erhalten willst, trotz deines Expertenwissens mit deinem Preis noch wettbewerbsfähig bleiben im Vergleich zu jemandem wie mir, die das alles erst komplett recherchieren muss."

Der Kollege hat sich daraufhin mit dem Kunden auf 1,5 Expertenstunden geeinigt.

46 www.hanwag.com/tudela-light-lady-gtxa#details

Fazit: Nicht alles, was dem Anschein nach eine Anzeige ist, muss zwangsläufig eine Transkreation verlangen. Manchmal ist eher hochspezialisierte Fachterminologie gefragt als ausgefeilte Formulierungsstrategien. In diesem Fall ist es für den Kunden besser nachvollziehbar, wenn Sie ihm Expertenstunden oder Rechercheaufwand in Rechnung stellen als Transkreationsleistungen.

Welcher Stundensatz ist angemessen?

Grundsätzlich sollte jeder Unternehmer in der Lage sein, die Kosten seiner Arbeit kaufmännisch sinnvoll zu beziffern. Im Internet finden Sie Berechnungsbeispiele dafür. Viele Übersetzer, ob transkreativ oder nicht, übersehen oft, dass mit dem Stundensatz auch die Zeit abgegolten werden muss, die ein Unternehmen als Verwaltungskosten in seine Preise einrechnet. Bis zu rund 25 % unserer Arbeitszeit muss für Verwaltung und Marketingaktivitäten aufgewandt werden, dazu kommen weitere „unproduktive" Zeiten wie Urlaub, Fortbildung und Krankheit, die jedem Angestellten zustehen und auch gezahlt werden. All das muss in die unternehmerische Berechnung einfließen, abgesehen von den Kosten für Berufs- und Krankenversicherung, Büro- und IT-Kosten, externe Dienstleister und Berater, Fortbildung, Fachliteratur und und und. Kurzum: Der Stundensatz muss alle Aspekte abdecken, die ein Unternehmer für die Bepreisung seiner Produkte und Dienstleistungen einrechnet.

Der Stundensatz muss alle Aspekte berücksichtigen, die ein Unternehmer bei der Preisfindung für seine Produkte und Dienstleistungen berücksichtigt.

Konkrete Preisempfehlungen dürfen laut geltendem EU-Recht nicht veröffentlicht werden, dennoch gibt es empirische Daten, die den gängigen Marktdurchschnitt belegen. Diese können Sie als Richtschnur verwenden.

Wichtig ist jedenfalls, dass Sie sich selbst im Klaren sind, und Ihren Kunden vermitteln können, warum die Arbeit des Transkreativtexters so aufwendig ist.

Die Ausprägung in der Praxis wird sich naturgemäß von Person zu Person unterscheiden. Ich selbst zum Beispiel habe für mich einen schriftlichen „Qualitätssicherungsprozess in 10 Schritten" entwickelt. Kunden schätzen **Qualitätssicherung** – damit können die meisten etwas anfangen, auch wenn sie mit Übersetzung selbst wenig Erfahrung haben. 10 Schritte – da wird schnell klar: Hier wird nicht nur mal eben was runtergetippt.

Ebenso wird für sie der Aufwand transparenter und besser nachvollziehbar, wenn ich ihnen klarmache, dass „Transkreation" eine **Kombination aus *Übersetzung* und anschließendem *Texten*** (im Sinne der Arbeit eines Texters wie in Werbe- und PR-Agenturen) ist. Die gängigen Honorarsätze der letzteren sind durchaus bekannt und dienen somit der Veranschaulichung der erforderlichen Kompetenz – und der entsprechenden Vergütung.

Auf der Website www.erfolg-als-freiberufler.de finden Sie neben anderen relevanten Informationen auch erhobene Honorardaten für Werbetexter, Journalisten und Autoren.

Dort heißt es zum Beispiel[47]:

Der **Werbetexter kann auf einen Stundensatz von 70 bis 120 Euro** bauen, wobei in der Regel mindestens zwei Stunden Arbeit abgerechnet werden. Das Tageshonorar liegt bei 480 bis 960 Euro. Je nach Art des Auftrags und auch nach dem Arbeitsort steigt das Honorar.

Weitere Pauschalen, die vereinbart werden können, sind die Wochenpauschale mit einem Satz von 1.800 bis 3.500 Euro und die Monatspauschale mit einem Satz von 6.500 bis 12.000 Euro.

Auf derselben Website finden Sie auch einen Honorar-Rechner, in den Sie Ihre eigenen Daten eingeben und so einen kalkulatorischen Stundensatz gemäß Ihrer individuellen Kostensituation errechnen können (Stand: Oktober 2015). Beachten Sie bei der Nutzung dieses Honorarrechners, dass Sie vom „angestrebten Netto-Einkommen" auch Kranken- und Rentenversicherung zahlen müssen, was beim Netto-Einkommen eines Angestellten bereits berücksichtigt ist und daher etwas verwirrt.

Der spanische Übersetzerverband Asetrad (Asociación Española de Traductores, Correctores e Intérpretes) bietet ebenfalls eine nützliche Rechenhilfe an. Das Tool nennt sich CalPro und steht als kostenloser Download zur Verfügung: https://asetrad.org/images/asetrad/calpro/CalPro_v1.3.xls

---

47 www.erfolg-als-freiberufler.de/Honorare-Werbetexter.php; Stand: 26.10.2015

Eine gute Quelle ist auch die Website von mediafon: www.mediafon.net. Hier finden Sie ebenfalls Daten aus Honorarumfragen im Bereich Werbung und PR. Die zuletzt veröffentlichte Honorarumfrage (2010) gibt für selbständige PR-Texter etwa einen medianen Stundensatz von 70 Euro an.[48]

Die Honorarsätze für interkulturelle Textarbeit sind im Übrigen auch durchaus vergleichbar mit jenen von Dolmetschern, auch diese können daher als Richtschnur verwendet werden. Siehe dazu die Honorarspiegel der Universitas in Österreich oder des BDÜ in Deutschland.

Generell gilt für jede Form der griffigen „Übersetzung" – also Transkreation – von Texten unabdingbar, dass zusätzlich zur eigentlichen Textaufbereitung auch umfassende Recherchen in einschlägigen Referenzmaterialien (unter anderem im Internet) nicht nur zur profunderen Information in der Sache, sondern auch zur Ideenfindung, für Brainstormings, den Aufbau von Wortfeldern, Wort- und Gedankenspielen etc. nicht wegzudenken sind.

Natürlich kostet auch das wieder Zeit. Diese ist aber für das Endprodukt wichtig und folglich gleichermaßen zu berücksichtigen.

Sie sehen also, dass alles immer wieder auf den Knackpunkt „Zeit" hinausläuft. Und Zeit ist Geld.

Warum kein Zeilen- oder Wortpreis?

Häufig werde ich insbesondere von Übersetzungsagenturen gefragt, ob es mir möglich wäre, einen fixen Zeilen- oder Wortpreis für „Marketingtexte" zu vereinbaren, weil das für sie einfacher sei. Ich habe großes Verständnis für diesen Wunsch. Dennoch lässt er sich schwer so erfüllen, dass letztlich beide Seiten zufrieden sein werden. Warum aber lässt sich der Aufwand so schwer in einen fixen Preis pro Abrechnungseinheit (Zeile, Wort) packen?

---

48 www.mediafon.net/meldung_volltext.php3?id=431475a95459b&akt=empfehlungen_empfehlungen&view=&si=5536349521bf6&lang=1

Wie bereits mehrmals hervorgehoben wurde, liegt die Schwierigkeit und der daraus resultierende Aufwand bei der Übertragung formulierungsintensiver Texte in den zahlreichen Schritten, die zur eigentlichen Übersetzung hinzukommen.

Bei reinen Fachtexten rechne ich dem Usus entsprechend nach Zeilen oder Wörtern ab, da es sich um meine Fachgebiete handelt und die erforderlichen Recherchen daher überschaubar sind. Bei diesen Fachtexten stehen der fachliche Inhalt und die Fachterminologie im Vordergrund, nicht die strategisch-kreative Überarbeitung.

Bei formulierungsintensiven Texten hingegen sind viele zusätzliche Faktoren zu beachten, die für jedes Projekt unterschiedlich stark ins Gewicht fallen, zum Beispiel:

1. Qualität des Ausgangstexts

Der Ausgangstext ist nicht optimal formuliert, enthält vielleicht sogar Fehler. Er muss daher nicht nur übersetzt und formulierungstechnisch überarbeitet werden, sondern in der Zielsprache eventuell sogar (mehr oder weniger) stark umgeschrieben werden, da er sonst nicht schlüssig wäre. Sätze müssen umgestellt und in der Reihenfolge verändert werden, für das Verständnis erforderliche Ergänzungen müssen geschickt und subtil eingeführt werden. Polieren, Polieren, und nochmals Polieren ist angesagt. Es sind mehr Durchläufe erforderlich als im Normalfall.

2. Projektspezifische Recherchen

Pressemitteilungen und sonstige formulierungsintensive Kommunikationstexte müssen für jedes Unternehmen und für jeden Geschäftsbereich neu und umfassend recherchiert werden – dabei sind kundenspezifische Präferenzen ebenso unabdingbar wie die Fachterminologie und das Verständnis der Materie. Der Transkreativtexter kann aber vom Fachlichen her nicht von IT über Medizin bis Finanzen alles beherrschen, dann wäre er ein Universalgenie und könnte astronomische Stundensätze verlangen. Mithin muss der Transkreativtexter für die unterschiedlichen fachlichen Aspekte viel recherchieren – manchmal mehr, manchmal weniger.

3. Relevantes Referenzmaterial

Je weniger relevantes Referenzmaterial beigestellt wird, desto umfassender fallen die Recherchen zwangsläufig aus. Ich habe durchaus schon Fälle erlebt, in denen ein (neuer) Kunde jede Menge Unterlagen als Referenz mitschickte und meinte, a) daran müsse ich mich halten und b) damit würde sich mein Rechercheaufwand reduzieren. Wenn das Material aber nicht gezielt für das konkrete Projekt zusammengestellt wurde, ist oft das Gegenteil der Fall. Unmengen von Texten durchzusehen, die teils von anderen Geschäftsbereichen oder ganz anderen Produkten handeln, hält mich mehr auf als es mir hilft.

4. Wiederholungen

Wiederholte Textpassagen können wiederverwertbar sein und den Aufwand reduzieren. In der Regel gilt das für die Transkreation aber nur bedingt. Denn bei derlei Texten ist meist eher gefragt, wörtliche Wiederholungen zu vermeiden und Sachverhalte jedes Mal zwar mit derselben Aussage, aber mit anderen Worten wiederzugeben.

5. Ein Projekt oder mehrere Teilprojekte

Dreizehn verschiedene Einzeltexte sind wesentlich aufwendiger als ein zusammenhängender Fließtext. Denn jeder Text erfordert seinen eigenen Einstieg und Abschluss sowie seine eigenen Recherchen. Auch das ist ein Faktor.

An der obigen Auflistung sehen Sie bereits, wie schwierig es ist, einen Einheitspreis festzulegen. Bei Kunden, die auf Wort- oder Zeilenpreisen bestehen, empfehle ich daher stets, zwischen reinen Fachtexten und formulierungsintensiven, imagesensiblen Texten zu unterscheiden. Ansonsten lässt sich der potenziell höhere Aufwand nur über einen stark erhöhten Zeilenpreis kompensieren. Das wiederum hätte zur Folge, dass kooperative Kunden, die tolles Referenzmaterial und Briefings beigestellt haben, „abgestraft" werden, während ein niedriger Zeilenpreis für den Auftragnehmer nicht mehr rentabel ist. Beides ist wirtschaftlich nicht sinnvoll und für eine Geschäftsbeziehung langfristig nicht tragbar. Aus diesem Grund empfehle ich stets, für jedes Projekt einen ungefähren Kostenvoranschlag zu unterbreiten. So wissen beide Seiten vorab, womit sie ungefähr rechnen sollten.

Achtung: Testübersetzung

Ich habe durchaus Verständnis für Testübersetzungen. Denn wer kauft schon gern die Katze im Sack. Jeder Auftragnehmer möge aber für sich entscheiden, ob er auch bereit ist, Testübersetzungen *kostenlos* anzufertigen, wie dies häufig erwartet wird.

Wenn man ganz neu in der Branche ist, kann dies eine gute Einstiegsmöglichkeit sein, um Kunden ohne viel teure Werbung von sich zu überzeugen. Da kann sich ein kostenloser Auftrag durchaus lohnen, auch wenn man mehrere Stunden daran sitzt. Vielleicht ergibt sich daraus eine lange und gute Geschäftsbeziehung, die man mit ungezielter Streuwerbung nicht gefunden hätte.

Wer allerdings schon lange und mit Erfolg im transkreativen Bereich tätig ist, und vielleicht sogar aufgrund von Empfehlungen kontaktiert wurde, sollte sich gut überlegen, ob Gratis-Arbeit in seinem Sinne ist.

Alternativ kann man zum Beispiel anführen, dass man gerne bereit sei, einen Testauftrag durchzuführen, allerdings zu regulären Konditionen. Denn dass man die entsprechende Expertise besitzt, beweist allein schon die Empfehlung und die Tatsache, dass man ohnehin geradezu kontinuierlich ausgebucht ist. Eventuell kann man auch auf Referenzprojekte verweisen, sofern diese bereits veröffentlicht wurden und nicht der Geheimhaltung unterliegen.

Diese Entscheidung möge jeder für sich und von Fall zu Fall treffen.

Wichtig ist allerdings im Falle eines nicht vergüteten Testauftrags der ausdrückliche Hinweis, dass der Zieltext ausschließlich für den internen Gebrauch bestimmt ist und ausschließlich dem Zweck dient, den Auftraggeber von der Qualität Ihrer Arbeit zu überzeugen. Eine entgeltliche Weitergabe oder Veröffentlichung ist ohne Ihre ausdrückliche Zustimmung und entsprechende Vergütungsvereinbarung nicht zulässig.

Nur ein paar Wörter ...

Kennen Sie das auch? „Ich bräuchte nur mal schnell eine Mini-Übersetzung, der Text besteht wirklich nur aus ein paar Wörtern!" Und als besondere Draufgabe vielleicht noch: „Und er ist sogar total witzig!" Man sei darüber hinaus bereit, für diesen Heidenspaß ein Minihonorar zu zahlen.

Haben Sie geschmunzelt? Ähnliche Anfragen kommen Ihnen bekannt vor? Tatsächlich sind sie gar nicht so selten.

In einem mir bekannten konkreten Fall ging es übrigens um eine Werbeanzeige in Form eines Comics, und die paar Wörter waren ein unübersetzbares Wortspiel.

Sie haben dieses Buch bis hierher gelesen, und wissen – oder wussten es vorher schon – dass eine Werbeanzeige in der Regel keine 1:1-Übersetzung zulässt, sondern einen ganzen Prozess erfordert (siehe *Claims, Slogans, Headlines* in Kapitel 6).

Erschwerend kommt hinzu, dass ein Witz erfunden werden muss, möglichst genauso doppelbödig wie im Original, der außerdem noch zum Comic passt (siehe „Bild-Text-Kongruenz" in Kapitel 6).

Wie würden Sie reagieren? Welche Antwort würden Sie geben? Die Anfrage lautete wie folgt (ich zitiere es wortwörtlich und daher im Original):

Hi,

How are you? We have a very small English > DE localization job for you, if you're available. The material is pretty entertaining so take a look! It's only 10 words, and we're hoping to get the files back by tomorrow at 3pm noon EST. We can pay $10 for your help.

This job is a copy adaptation job, and the demographic is: Human Resource VPs, Recruiters, and Hiring Managers. The source text will go at the end of TV advertisements for the client.

Will you be able to help? Please let me know. Thanks

Die Auftraggeberin (Projektmanagerin einer großen, weltweit tätigen Übersetzungsagentur) war sich in diesem Fall also durchaus bewusst, dass es sich um einen „copy adaptation job" handelt, dennoch scheint sie den Aufwand vollkommen zu unterschätzen bzw. versucht sie ihn als etwas Lustiges zu verkaufen. Dabei ist Kreativarbeit harte Arbeit. Je einfacher etwas klingt, desto mehr Arbeit steckt vermutlich dahinter. Sie wissen das. Diese Projektmanagerin war sich vielleicht nicht im Klaren, dass Einzeiler als Abbinder eines TV-Spots, die noch dazu an den Humor appellieren, zu den schwierigsten Kreativarbeiten schlechthin gehören. Nur allzu leicht kann etwas derb oder dröge statt spritzig-witzig ankommen. Da gehört besonderes Fingerspitzengefühl und vermutlich ein groß angelegtes Brainstorming dazu.

Wir gehen aber wie immer von der Unschuldsvermutung aus und antworten, nachdem wir zuvor richtig tief durchgearbeitet haben, im Sinne der TRACC-Formel zum Beispiel wie folgt:

Hi XXX,

Thank you for your inquiry. Crafting supers for a TV spot is a very delicate job that requires careful thinking and brain jogging/storming.

The taglines may seem easy but they aren't necessarily easy to convey in the same jokingly and succinct way in German. A literal rendering won't do. I also need to check out the reference material and get into the right contextual framework and comment on the reasons for my translation choices (possibly providing several alternatives for the client to choose from). All in all, that work is going to take a minimum of 2 hours.

My current hourly rate for transcreation jobs is xxx.

Please let me know if you want me to proceed.

Thanks

Die Kundin zeigte zwar Verständnis für die Erklärung und meinte, sie würde sich das für die Zukunft merken, hätte aber in diesem Fall kein ausreichendes „Budget". Wie sie den Auftrag schließlich löste, weiß ich nicht. Ich habe aber von dieser Agentur seither immer wieder Anfragen erhalten, die den Aspekt des erhöhten Zeitaufwands berücksichtigten, das heißt, ich werde vorab um einen Kostenvoranschlag gebeten. Manchmal akzeptieren sie die Kosten, manchmal nicht. Das Wichtige ist, dass ein grundsätzliches Umdenken stattgefunden hat.

Ich brauch's nicht so genau

Auch das kommt Ihnen vielleicht bekannt vor: Kunden schicken einen Text, bitten um einen Kostenvoranschlag, und meinen dann, wenn man ihnen erklärt hat, welcher Aufwand damit verbunden ist, dass sie es ja gar nicht so genau recherchiert und formuliert brauchen. Das sind häufig Kunden – neue Kunden – die sich nicht im Klaren sind, dass Texte nicht 1:1 übertragbar sind, und keine Vorstellung haben, was alles schiefgehen kann, wenn eine gründliche Auseinandersetzung mit Ausgangs- und Zieltext nicht höchste Priorität haben.

Wiederum liegt es natürlich an Ihnen, ob Sie diesen „Quick and Dirty"-Service anbieten möchten. Ich persönlich mache es nicht und erkläre dies mit Erfahrungen in der Vergangenheit. Welche Erfahrung? Sie ist zwar nicht meine, kommt aber oft genug vor: Ein Kunde will etwas „nur für interne Zwecke" so ungefähr übersetzt haben, weil er nicht mehr zahlen möchte, reicht den Text dann aber doch – vielleicht sogar mit dem Namen des Übersetzers – weiter. Der Schaden für Ihre Reputation als hochwertiger Dienstleister könnte enorm sein.

Deshalb halte ich mich an folgenden persönlichen Grundsatz: Wer zu mir kommt, braucht und wünscht die Qualität, die ich biete, zu dem Preis, den wir im gegenseitigen Einverständnis für angemessen halten. So bin ich positioniert. Wer etwas anderes möchte, geht woanders hin. Es gibt genug Übersetzer, die auf Wunsch reine „Info-Übersetzungen" anfertigen, vielleicht weil ihnen das besser liegt, oder weil dies das Marktsegment ist, das sie bedienen.

Vielleicht hilft auch folgender Vergleich: Wenn ich ein iPhone kaufe, dann kaufe ich es aus einem ganz bestimmten Grund, und weiß dann auch, dass ich dafür mehr zahlen muss. Ich kann nicht sagen, ich will so ein iPhone, aber in abgespeckter Version, weil ich nur die Hälfte davon brauche.

Genauso ist das bei mir auch. Nur „so ungefähr" oder gibt es nicht. Ich gebe nichts aus der Hand, wovon ich nicht überzeugt bin. Auch wenn Zeitdruck manchmal ein Hindernis ist für ein vielleicht noch besseres Ergebnis.

Wie möchten Sie sich positionieren? Die Überlegung, in welchem Segment Sie sich sehen und wie Sie wahrgenommen werden möchten, ist wichtig und sollte sich in allem widerspiegeln, was sie kommunizieren.

Hinweise zur Lieferung

Der letzte Schritt eines Auftrags ist die Lieferung. Dieser ist nicht zu unterschätzen. Schicken Sie einen Text nicht einfach kommentarlos zu. Mein Standardtext etwa lautet „Anbei mein Vorschlag für die deutsche Fassung des englischen Ausgangstextes gemäß Briefing und wie besprochen. Bitte beachten Sie dabei Folgendes: …"

Ist Ihnen aufgefallen, dass das Wort „Übersetzung" nicht vorkommt? Die Formulierung „mein Vorschlag für die deutsche Fassung" ist bewusst gewählt. Sie bringt zum Ausdruck, dass ich nicht bloß „übersetzt" habe, so wie „Übersetzen" meist verstanden wird, nämlich als mehr oder weniger roboterhafte Reproduktion eines vorgegebenen Textes. „Übersetzung" hat in vielen Kreisen einen mittlerweile so niedrigen Stellenwert erlangt, dass ich es aufgegeben habe, darüber aufzuklären. Stattdessen wähle ich andere Formulierungen, die der Arbeit und den vielen Gedanken, die ich mir dazu mache, besser gerecht werden.

Meist führe ich in der Begleitmail einige Anmerkungen an. Zum Beispiel, dass ich einige Ideen ausgearbeitet habe und davon die meines Erachtens besten drei in der Anlage schicke. Oder dass ein bestimmter Name auf Deutsch eventuell unerwünschte Assoziationen wecken könnte und ich eine dahingehende Prüfung empfehle.

Wenn der Auftrag für einen Sprachdienstleister im Ausland erfolgt, schicke ich auch die Empfehlung mit, den Endkunden darüber zu informieren, dass die Arbeit von einem Transkreativtexter in der Zielregion angefertigt wurde und die Einbeziehung einer Niederlassung oder eines Repräsentanten des Endkunden vor Ort empfehlenswert ist. Warum? Deutsche Unternehmen zum Beispiel fühlen sich häufig zu wenig wertgeschätzt, wenn ihnen die amerikanische Muttergesellschaft lokalisiertes Broschürenmaterial vor die Nase setzt, ohne sie vor Drucklegung um ihre Einschätzung und Beurteilung gebeten zu haben. Es lohnt sich daher, die deutsche Niederlassung einzubinden, mit dem Hinweis, dass der Auftrag von einem Experten vor Ort durchgeführt wurde. Das wirkt meist besänftigend. Eine kleine Geste als Beweis für interkulturelles Fingerspitzengefühl. Zumindest wenn Deutschland die Zielregion ist. Wenn Ihre Zielkultur nicht die deutsche ist: Was würden Sie für Ihre Zielkultur empfehlen?

Da wir schon bei der Drucklegung sind: Generell sollte bei Texten, die in Druck gehen, auf keinen Fall der Hinweis auf die Druckfreigabe fehlen. Ein möglicher Wortlaut könnte hier zum Beispiel sein:

„Falls von mir keine Druckfreigabe erteilt wird, übernehme ich für eventuelle Fehler keine Haftung. Für das Gegenlesen von Druckfahnen fällt ein gesondert zu vereinbarendes Honorar an.“

9 Übungen

Im Folgenden finden Sie repräsentative Beispiele für Texte, die mir in der Praxis vorgelegt worden sind. Manche Lösungen werden Ihnen selbstverständlich vorkommen – Sie denken sich, natürlich hätten Sie das auch so ausgedrückt. Und genau das ist ja der Punkt: Die Lösung erscheint so natürlich, dass man sich gar nicht vorstellen kann, man hätte das je anders ausdrücken können. Tatsache ist allerdings, dass mir in meiner Praxis nahezu täglich Übersetzungen unterbreitet werden, die alles andere als zielsprachlich optimal sind.

Alle Fallbeispiele, die ich hier als Übung präsentiere, sind dem Bereich Werbung/PR zuzuordnen. Dies deshalb, weil sie sich für Übungen am besten eignen. Die Erfahrungen daraus lassen sich jedoch auf jede beliebige Textart anwenden.

Übung 1: Broschürentext

Auszug aus einer Standortbroschüre für die Provinz New Brunswick, Kanada[49]

Be more productive here.

It's been almost five years since CenterBeam, Inc. of San Jose, California, decided to strengthen their services by opening its North American Solution Center in Saint John, New Brunswick.

With 140 employees, CenterBeam supports organizations with users across 45 countries and six continents, at a 99.6 % satisfaction rating. No small feat. How can they be so effective? New Brunswick's proficient workforce, a very stable talent pool and a strong cultural fit.

New Brunswick is the place to be for companies who need workers that are smart, creative, bilingual and extraordinarily loyal. Loyalty defined by their commitment to staying on the job; in New Brunswick that's an average of over eight years. Our workforce pushes the limits of creativity and productivity and has earned international recognition.

49 Quelle: Broschüre der Standortagentur Business New Brunswick, 2011. www2.gnb.ca/content/dam/gnb/departments/inb/pdf/ambassador/kitinsert.pdf

Vorab zu beantwortende Fragen

- Zweck des Textes? Was soll mit dem Text erreicht werden?
- Zielgruppe(n)?
- Folgen für Stil, Tonalität?
- empfohlene Recherchen?

Mögliche Antworten

Zweck

- Über Vorzüge des Standorts informieren
- Weitere Unternehmensgründungen für den Standort gewinnen

Zielgruppe

Manager deutscher Unternehmen, die ihre Produktivität und Profitabilität durch eine Niederlassung in NB steigern möchten.

Folgen für Stil, Tonalität

- Informativ, faktenbetont, nüchtern, jedoch ohne trocken oder langweilig zu werden
- auf den Punkt, prägnant, präzise
- begeisternd, aber nicht blumig
- Sprache der Entscheider sprechen
- Nebensächlichkeiten eventuell weglassen, wenn sie für deutsche Entscheider wenig relevant sind und/oder von der Hauptaussage ablenken würden

Recherchen

Womit werben andere Wirtschaftsstandorte?

Platz für Ihre Notizen:

Mögliche Transkreation

Hier sind Sie produktiver.

Vor knapp fünf Jahren beschloss CenterBeam, Inc. aus San José, Kalifornien, sein Leistungsangebot durch Eröffnung seines North American Solution Center in Saint John, New Brunswick, zu erweitern.

Mit 140 Mitarbeitern betreut CenterBeam Unternehmen mit Nutzern in 45 Ländern und 6 Kontinenten, und das mit einer ausgewiesenen Zufriedenheitsrate von 99,6 %. Eine beachtliche Leistung. Das Erfolgsgeheimnis? Tüchtige Arbeitskräfte, ein sehr stabiler Pool an hochqualifizierten Nachwuchskräften und hohe interkulturelle Kompetenz. Dafür ist die Region New Brunswick bekannt.

New Brunswick ist der Standort der Wahl für Unternehmen, die umsichtige, kreative, zweisprachige und außerordentlich loyale Arbeitnehmer benötigen. Die Loyalität der Arbeitnehmer ist hier mit durchschnittlich acht Jahren in ein und demselben Unternehmen beachtlich. Und mit der schier unerschöpflichen Kreativität und Produktivität der Arbeitnehmer hat sich New Brunswick bereits weit über die Grenzen hinaus einen Namen gemacht.

Transkreationsanalyse – Fragen

- Was finden Sie gut und warum?
- Was würden Sie ändern – und warum?

Platz für Ihre Notizen:

Übung 2: Vergleich „Übersetzung" vs. „Transkreation"

Auszug aus einer Broschüre für ein hochwertiges Motorrad (hier anonymisiert als TT bezeichnet).

Übersetzung (so vorgelegt)	**Transkreation**
Ein Name, der für 60 Jahre Freiheit, Rebellion, Stil und Haltung steht.	Ein Name, der für 60 Jahre Freiheit, Rebellion, Stil und Souveränität steht.
Ein Cruiser, der das Beste an europäischem Design und Ingenieurskunst darstellt. Ein Cruiser, der schon im Stand ausdrucksstark ist und mit seinem Handling und Komfort unvergessliche Cruising-Erlebnisse ermöglicht.	Ein Cruiser, der Design und Technik in Perfektion vereint. Ein Cruiser, der schon im Stand besticht und mit herausragendem Handling und Komfort unvergessliche Cruising-Erlebnisse ermöglicht.
Eine Auswahl an Original-Zubehör und -Bekleidung, die es nur bei TT gibt und mit der jedes Motorrad zum Einzelstück veredelt werden kann.	Eine reichhaltige Auswahl an Original-Zubehör und Bekleidung exklusiv von TT – so wird jedes Motorrad zum individuellen Einzelstück.
Die neue TT ist ein kühner und entschlossener neuer Cruiser – ein Bike, das neue Maßstäbe setzt und an dem sich in seiner Klasse alle anderen Motorräder messen lassen müssen. Die neue TT wird eine Legende aus eigener Kraft werden.	Die neue TT präsentiert sich als kühner und charakterstarker Cruiser – ein Bike, das in seiner Klasse gänzlich neue Maßstäbe setzt. So verspricht auch die neue TT, selbst legendär zu werden.

Original	**Transkreation**
Raw & ready to go: even naked and just as it rolls out of the factory, the TT cuts a moody silhouette.	**Starke Optik auch ohne Extras:** Sogar nackt und bloß, so wie sie vom Band rollt, sorgt die TT für einen markanten Auftritt.
Loaded for the street: …	**Cool bestückt für die City:** …
Hit the open road: …	**Lässig gestylt für die große Freiheit:** …

Fragen:

- Welche drei Wörter beschreiben am besten die Tonalität dieses Textes?
- Was soll mit diesem Text erreicht werden? Welche emotionale und welche rationale Reaktion soll ausgelöst werden?
- Wie gefallen Ihnen die sehr freien Wiedergaben (z. B. „Cool bestückt für die City" für „Loaded for the Street") und warum bzw. warum nicht?
- Markieren Sie jene Wörter/Passagen, die Ihrer Meinung nach nicht passen und begründen Sie Ihre Kritik!

Bedenken Sie dabei:

- **Jedes** Wort muss sitzen!
- Muss wirklich jedes Wort mit übertragen werden?
- Muss man vielleicht mitunter etwas mehr ausholen als im Original?
- Was fällt Ihnen in der Transkreation im Vergleich zur Übersetzung auf?
- Was gefällt Ihnen (nicht)? Warum?

Platz für Ihre Notizen:

Übung 3: Pressemitteilung

Nachfolgend finden Sie ein anschauliches Beispiel für eine Pressemitteilung, die nach der ursprünglichen Übersetzung ins Deutsche umfassend nach verschiedenen Gesichtspunkten überarbeitet wurde.[50]

How the Internet of Things has Created Data Hoarders	Wie sich das Internet der Dinge auf das Datenmanagement auswirkt
By now, the "Internet of Things" (IoT) is something you've heard before. In fact, a recent Morgan Stanley report predicts that the number of devices connected to the IoT will reach 75 billion by the year 2020. The IoT is a staggering concept that ranges from daily chatter about the newest Internet-enabled devices, such as the Kindle Fire and the Nest Smoke Alarm, to the amount of data these devices produce and where to keep it, even in the cloud.	Das „Internet of Things" (IoT) bzw. Internet der Dinge ist heute ein Thema, an dem kein Weg mehr vorbeiführt. So prognostiziert etwa Morgan Stanley in einem jüngst veröffentlichten Bericht, dass im Jahr 2020 an die 75 Milliarden Geräte mit dem Internet verbunden sein werden. Die Möglichkeiten sind praktisch unbegrenzt und so auch die produzierten Datenmengen. Damit stellt sich die Frage, wo und wie diese vielen Daten gespeichert werden. Hier kommt auch die Cloud ins Spiel.
The mountain of information these devices create is forcing companies to rethink how to securely capture, store and retrieve data to derive more value from it. To address this problem, companies are coming around to the notion that instead of hoarding data, they need a modern data management strategy to make better business decisions, evolve products and services and improve the user experience.	Angesichts der schieren Mengen müssen sich Unternehmen neue Strategien überlegen, um Daten sicher zu erfassen, zu speichern und sinnvoll nutzbar zu machen. Langsam setzt sich die Erkenntnis durch, dass das reine Sammeln und Aufbewahren von Daten nicht mehr ausreicht. Gefragt ist eine moderne Datenmanagement-strategie, um fundiertere Entscheidungen treffen zu können, Produkte und Dienstleistungen gezielter weiterzuentwickeln und eine insgesamt bessere Nutzung zu ermöglichen.

50 Die Gesamttexte finden Sie unter:

- www.itp.net/596003-how-the-internet-of-things-has-created-data-hoarders (Englisch)
- www.computerwelt.at/news/hardware/storage/detail/artikel/110850-wie-sich-das-internet-der-dinge-auf-das-datenmanagement-auswirkt/ (Deutsch)

Analysen

Überschrift

In der Überschrift wurde in Abstimmung mit dem Kunden dem Wunsch Rechnung getragen, negative Formulierungen zu vermeiden. Unternehmen sollten sich nicht als „dumme Datenhorter" abgestempelt fühlen. Es wurde daher eine neutrale Formulierung gewählt, die das, worum es in diesem Artikel geht, auf den Punkt bringt: Statt einer emotionalen Kritik – wer liest schon gern weiter, wenn er davon ausgehen muss, als dumm dazustehen – wird darauf verwiesen, dass hier interessante Informationen über wesentliche Änderungen geboten werden.

Besondere Aspekte – wie hätten Sie dies gelöst?

1.

By now, the "Internet of Things" (IoT) is something you've heard before.

Das „Internet of Things" (IoT) bzw. Internet der Dinge ist heute ein Thema, an dem kein Weg mehr vorbeiführt.

Analyse: Die Transkreation ist wesentlich länger ausgefallen – ist dies hier ein Nachteil? Oder gewinnt der deutsche Text dadurch (wird flüssiger, verständlicher, authentischer, entspricht eher unserer Ausdrucksweise)?

Platz für Ihre Notizen:

2.

The IoT is a staggering concept that ranges from daily chatter about the newest Internet-enabled devices, such as the Kindle Fire and the Nest Smoke Alarm, to the amount of data these devices produce and where to keep it, even in the cloud.

Die Möglichkeiten sind praktisch unbegrenzt und so auch die produzierten Datenmengen. Damit stellt sich die Frage, wo und wie diese vielen Daten gespeichert werden. Hier kommt auch die Cloud ins Spiel.

Platz für Ihre Notizen:

3. Problemwort „value"

The mountain of information these devices create is forcing companies to rethink how to securely capture, store and retrieve data **to derive more value from it**.

Angesichts der schieren Mengen müssen sich Unternehmen neue Strategien überlegen, um Daten sicher zu erfassen, zu speichern und **sinnvoll nutzbar zu machen**.

Wie finden Sie diese Lösung? Wird sie der Aussage des englischen Textes ausreichend gerecht? Wie hätten Sie „value" hier aufgelöst?

Platz für Ihre Notizen:

4.

To address this problem, companies are coming around to the notion that instead of **hoarding data**, they need a modern data management strategy to make **better business decisions**, **evolve products and services** and **improve the user experience**.

Langsam setzt sich die Erkenntnis durch, dass **das reine Sammeln und Aufbewahren von Daten** nicht mehr ausreicht. Gefragt ist eine moderne Datenmanagementstrategie, um **fundiertere Entscheidungen** treffen zu können, **Produkte und Dienstleistungen gezielter weiterzuentwickeln** und eine **insgesamt bessere Nutzung** zu ermöglichen.

Wie beurteilen Sie die Lösung der hervorgehobenen Passagen? Was gefällt Ihnen und warum? Was nicht?

Platz für Ihre Notizen:

Übung 4: Wie fremd darf ein Fremdwort sein?

Die Aufgabenstellung:

Überschrift einer Anzeige zur Beschreibung eines Herstellungsprozesses für ein äußerst hochwertiges Produkt.

Der Originaltext lautet:

You could call our process obsessive.
And you'd be right.

Wörtliche Übersetzung:

Sie könnten unseren Prozess als obsessiv bezeichnen.
Und Sie hätten recht.

Das Problem:

Obsessiv ist auf Deutsch ein Fremdwort, das in Texten für ein breites Publikum als zu „fremd" und somit als überheblich empfunden werden könnte. In einem imagesensiblen Text ist jede potenzielle Möglichkeit einer negativen Assoziation zu vermeiden, daher:

Die Lösung:

Ich suche nach Synonymen und baue mir Wortfelder auf. Zuerst recherchiere ich die Definition in der Ausgangssprache, z. B.: http://dictionary.reference.com/browse/obsessive.

obsessive

adjective: 1. being, pertaining to, or resembling an *obsession*: an obsessive fear of illness; 2. causing an *obsession*; 3. excessive, especially extremely so.

noun: 4. someone who has an *obsession* or *obsessions*; a person who thinks or behaves in an obsessive manner.

Der Eintrag enthält außerdem den Hinweis: „Many English speakers likely know this word", das Wort ist der Mehrheit der Leser der Ausgangssprache also geläufig.

Eine weitere Definition[51] bestätigt dies:

Obsession

A preoccupation with a feeling or idea. In *psychology*, an obsession is similar to a *compulsion*. Obsession – most English speakers know this word

Wenden wir uns zum Vergleich nun einer Definition in der Zielsprache (Deutsch) zu. Ich verwende z. B. den Duden: www.duden.de

Obsession, die

Wortart: Substantiv, feminin; Gebrauch: Psychologie; Häufigkeit: 1 auf einer Skala von 1–5 (obsessiv: 2); Bedeutung: [mit einer bestimmten Furcht verbundene] Zwangsvorstellung oder -handlung; Obsessiv – in der Art einer Obsession

Wir sehen an der Definition im Deutschen, dass obsessiv allein schon deshalb keine gute Lösung ist, da das Wort wenig gebräuchlich ist, somit die Gefahr besteht, nicht verstanden oder falsch verstanden zu werden. Allein die Möglichkeit, missverstanden zu werden, ist für einen Text zu riskant. Und auch wenn der Ausgangstext auf einen ironisch negativen Effekt setzt, ist das Risiko, dass diese Ironie in der Zielkultur nicht gleichermaßen ankommt, zu groß. Wir müssen uns demnach etwas Neues einfallen lassen.

Die englische Definition gibt uns dazu schon ein paar Ideen, z. B. *extrem*, *exzessiv* als mögliche Synonyme.

Suchen wir aber noch weitere Synonyme. Anhand diverser Online-Quellen habe ich folgendes Wortfeld aufgebaut:

übertrieben, auf die Spitze getrieben/gestellt, überspannt, überzogen; auf die Spitze/bis zum Äußersten treiben, den Bogen überspannen, sich hineinsteigern, maßlos sein, übersteigern, überziehen, [zu] weit gehen; (bildungssprachlich) bis zum Exzess treiben; (umgangssprachlich) weder Maß noch Ziel kennen; (umgangssprachlich abwertend) [zu] weit treiben

51 Quelle: The American Heritage® New Dictionary of Cultural Literacy, Third Edition Copyright © 2005 by Houghton Mifflin Company.

Da wir potenziell negative Assoziationen vermeiden möchten, bietet sich aus der Fülle der obigen Möglichkeiten beispielsweise folgende Lösung an:

Sie finden unser Verfahren extrem?
Da haben Sie recht.

Extrem ist zwar auch ein Fremdwort, aber eines, das weithin geläufig ist und in diesem Fall nicht missverstanden wird, sondern genau die leichte Doppeldeutigkeit transportiert, die wir für den Spannungsbogen benötigen.

Eine andere Möglichkeit wäre:

Sie finden unser Verfahren auf die Spitze getrieben?
Sie haben vollkommen recht.

In diesem Fall haben wir komplett auf Fremdwörter verzichtet und durch ein durchweg deutsches Idiom ersetzt. Allerdings wird die Zeile dadurch ein gutes Stück länger, was von der erforderlichen Aufmerksamkeitsspanne des Lesers sowie vom Layout her ein Nachteil sein könnte. Dem Kunden werden beide Lösungen vorgeschlagen und die jeweiligen Vor- und Nachteile begründet.

Wie hätten Sie die Herausforderung gelöst?

Haben Sie außerdem erraten, welcher Prozess hier gemeint sein könnte? Wenn Sie dieses Buch aufmerksam gelesen haben, wissen Sie es natürlich. Genau: Der Prozess der Transkreation. Sie empfinden ihn als obsessiv, extrem, auf die Spitze getrieben? Sie haben vollkommen recht. Nur so wird das Resultat möglichst perfekt.

Platz für Ihre Notizen:

10 Schlusswort: Grenzen der Transkreation

Dieses Buch handelt davon, wie optimale Transkreationsleistungen erzielt werden können. Ich hoffe, Sie können sich nun anhand der Hilfestellungen und Empfehlungen aus meiner jahrelangen Praxis nützliches Wissen aufbauen und in konkreten Aufträgen umsetzen.

Zur Abrundung und als Schlusswort erscheint es mir wichtig, auch die Grenzen der Transkreation aufzuzeigen. Denn diese gibt es durchaus. Eine gute Transkreation ist nämlich dann nicht möglich, wenn der **Wille**, die **Zeit** oder das **Geld** dazu fehlt:

Beim Auftraggeber:

- Wenn dem Auftraggeber der Wille fehlt, dem Transkreativtexter ausreichende Briefings und hilfreiches Material zur Verfügung zu stellen.
- Wenn der Auftraggeber dem Transkreativtexter nicht ausreichend Zeit für Recherchen und Texterarbeiten zubilligt, um so lange zu recherchieren, zu tüfteln, herumzuspielen und zu polieren, bis ein perfektes Ergebnis vorliegt.
- Wenn der Auftraggeber nicht in der Lage oder bereit ist, den Aufwand einer guten Transkreation zu honorieren.

Beim Transkreativtexter:

- Wenn dem Transkreativtexter der Wille fehlt, so lange zu recherchieren, zu tüfteln, herumzuspielen und zu polieren, bis ein perfektes Ergebnis vorliegt.
- Wenn sich der Transkreativtexter nicht ausreichend Zeit nimmt, um so lange zu recherchieren, zu tüfteln, herumzuspielen und zu polieren, bis ein perfektes Ergebnis vorliegt.
- Wenn der Transkreativtexter dem Auftraggeber nicht ausreichend klar macht, welcher Aufwand mit Transkreation verbunden ist, und er sich aufgrund der geringen Vergütung nicht ausreichend Zeit nehmen kann, um so lange zu recherchieren, zu tüfteln, herumzuspielen und zu polieren, bis ein perfektes Ergebnis vorliegt.

Fazit

Guter Stil braucht Zeit.

Nehmen Sie sich die Zeit.

Berechnen Sie diese Zeit.

Anhänge

I 10 Schritte für die erfolgreiche Abwicklung von Transkreationsaufträgen

1. Stellen Sie vorab klar, wie Sie Ihr Honorar berechnen. Der Branchenstandard ist entweder nach Zeit (Stunden – Minimum 2 Stunden, Tagessatz, Wochensatz) bzw. auf Projektbasis (Festpreis pro Werbebrief, pro Broschürenseite etc.).
2. Gehen Sie Briefings und Bildmaterial gründlich durch, bis Sie die Kernaussage vollständig erfasst und verinnerlicht haben. Es ist wichtig, dass Sie wirklich verstanden haben, was der Kunde sagen möchte (wenn nicht, fragen Sie nach!).
3. Erstellen Sie eine Übersetzung, die vorerst noch nah am Original ist, auch wenn sie einen zunächst nicht vom Hocker reißt. Wichtig ist in dieser ersten Phase zunächst die inhaltliche Vollständigkeit und Richtigkeit.
4. Vergewissern Sie sich, dass Sie nichts übersehen oder missverstanden haben. Machen Sie sich eventuell Anmerkungen zu der einen oder anderen Passage, um spontane Gedanken zum Text für später festzuhalten.
5. Legen Sie nun sämtliches Material beiseite und suchen Sie gezielt relevante zielsprachliche Dokumente im Internet oder sonstiges Referenzmaterial (Broschüren, Kataloge etc.), um sich sprachliche Anregungen zu holen.
6. Sie haben jetzt jede Menge Ideen gesammelt und sind tief in der Materie drin. Nehmen Sie nur den Zieltext (die Übersetzung) zur Hand und beginnen Sie mit der Überarbeitung. Stellen Sie sich dabei vor, Sie sprechen mit jemandem über das Thema, das Produkt, die Firma. Wie würden Sie einen bestimmten Gedanken in Ihrer Sprache ausdrücken? Was klingt natürlich, eingängig, spontan?
7. Gehen Sie den Text immer wieder von Neuem durch, mit möglichst langen schöpferischen Pausen dazwischen. Bei jedem Durchgang werden Ihnen Formulierungen oder Wörter auffallen, die Sie elegant verkürzen, streichen, umstellen oder ersetzen können.
8. Vermeiden Sie komplexe Satzstrukturen mit verschachtelten Nebensätzen. Seien Sie konkret und prägnant. Die Botschaft muss eingängig und sofort erfassbar sein.

9. Liefern Sie den Auftrag, gegebenenfalls mit Ihren Anmerkungen, und machen Sie sich auf eventuelle Änderungswünsche des Kunden gefasst. Geschmäcker sind eben verschieden. Solange Ihre Formulierungen dem Briefing entsprechen, gibt es jedoch keinen Grund zur Beunruhigung. Beachten Sie, dass auch die Zeit für die Umsetzung von Änderungswünschen in die Abrechnung einfließen sollte.
10. Stellen Sie die Rechnung aus, allerdings zur Sicherheit erst dann, wenn der (End)Kunde den Zieltext genehmigt hat.

II 10 Tipps für den stilistischen Feinschliff

Den stilistischen Feinschliff erzielen Sie unter anderem, wenn Sie einige Grundregeln beachten. Dazu habe ich Ihnen einige Tipps zusammengefasst. Beachten Sie jedoch, dass diese lediglich als Anregung gedacht sind und die Liste selbstverständlich beliebig erweitert und angepasst werden kann:

1. Lesen Sie sich anhand von Kundenbriefings und Referenzmaterial in die Sachverhalte ebenso wie in die gewünschten Botschaften ein. Versetzen Sie sich in die Adressaten Ihres Textes, versuchen Sie, wie diese zu denken.
2. Achten Sie auf klare, prägnante Formulierungen, und zwar auch dann, wenn das Original unklar oder unpräzise ist. Bedenken Sie, dass Sie immer nach *Ihrem* Text beurteilt werden, nicht nach dem Ausgangstext! Falls Sie eine Aussage nicht genau verstehen, wird auch Ihr Leser sie nicht verstehen. Fragen Sie nach oder recherchieren Sie so lange, bis Sie ein klares Bild vor Augen haben, auch wenn es sich um scheinbare Kleinigkeiten handelt. Jedes Wort muss seine Berechtigung haben!
3. Lesen Sie den Text laut vor. Wie rund erscheint er Ihnen? Wie ist der Rhythmus? Die Satzübergänge und Anschlüsse? Fließt der Text natürlich?
4. Achten Sie darauf, positive Bilder zu erwecken, vermeiden Sie potenziell negative Assoziationen, auch wenn die Wahrscheinlichkeit gering erscheint.
5. Involvieren Sie den Leser, machen Sie ihn zu einem aktiven Teilnehmer, indem Sie ihn kleine gedankliche Lücken selbst schließen lassen oder durch kluge Wortspiele zum Nachdenken anregen.
6. Achten Sie darauf, dass das sprachliche Register stets der Zielgruppe und der Textsorte entspricht.
7. Stellen Sie sich vor, Sie sprechen mit jemandem – wie würden Sie sich ausdrücken, was wäre eine natürliche Formulierung, womit würden Sie Ihr Gegenüber überzeugen?
8. Fragen Sie sich selbst in Ihrer Rolle als Textadressat: Würde mich das zum Nachdenken anregen? Oder mich zum Schmunzeln bringen? Oder würde ich mir denken, was für ein ödes Geschwafel, wie ist das verkrampft/billig/abgedroschen?
9. Weniger ist mehr: Bringen Sie einen Gedanken schnell auf den Punkt. Vermeiden Sie Redundanzen. Fragen Sie sich: Handelt es sich hier um neue Info oder bloß um eine Wiederholung desselben mit anderen Worten?

10. Ziehen Sie niemals den Vorschlaghammer. Jeder Satz muss für den Leser interessant, nützlich, einzigartig und widerspruchsfrei sein.

Goldene Regel

Für den ersten Eindruck gibt es keine zweite Chance.
„Wird schon passen" ist nicht gut genug!

III Checklisten Satzebene/Wortebene

Stilistische Checkliste 1 – Satzebene

Prüfen Sie jeden Satz – und zwar wirklich jeden einzelnen Satz (!) – auf folgende Kriterien:

1. Entspricht er inhaltlich dem Original? Nichts missverstanden? Nichts ausgelassen?
2. Entspricht er von der Tonalität her dem Original? Ist er genauso schräg, schwülstig, dramatisch, ernst, nüchtern?
3. Passt die Tonalität überhaupt zur Leserschaft im Zielland? Ist sie zu schräg, schwülstig, dramatisch, ernst, nüchtern (Anpassung erforderlich!)?
4. Ist der Satz rund, eingängig, nicht zu verschachtelt (unabhängig von der Komplexität des Originals, es geht hier nur noch um den Zieltext!)?
5. Versteht man ihn auf Anhieb?
6. Entspricht das sprachliche Register der Zielgruppe und der Textsorte?

Und nachdem Sie jeden einzelnen Satz auf 1. bis 6. geprüft haben, kommt der nächste (meist mehrmals zu wiederholende) Durchlauf, der größere Kontext. Dieser konzentriert sich ausschließlich auf den Zieltext:

Stilistische Checkliste 2 – Gesamteindruck

1. Wie lesen sich die Sätze/Absätze im Gesamtkontext? Sind die Übergänge schlüssig? Ansprechend? Logisch? Lese ich gerne weiter?
2. Wo kann ich kürzen, noch prägnanter werden?
3. Liest sich der Text leichter, angenehmer, griffiger, wenn ich den einen oder anderen Satz umstelle? Einen Punkt oder einen Gedankenstrich setze, wo das Original ein Komma hat? Statt mehrerer verschachtelter Nebensätze einen Klammerausdruck einfüge?
4. Wie ist der Rhythmus (laut vorlesen!)? Taktet er gleichförmig dahin oder wird durch unterschiedliche Satzlängen für (aufmerksamkeitssteigernde) Abwechslung gesorgt?

Verstehen Sie diese stilistischen Checklisten bitte nur als Anregung. Die Ausführung im Detail ist eine Frage der Übung und Erfahrung. In welche Richtung Sie Ihre Vorgehensweisen erweitern und anpassen, hängt von Ihren persönlichen Präferenzen und speziellen Kundenbedürfnissen ab.

IV Muster-Briefing für Transkreationsaufträge

- Hintergrundinfo zum Unternehmen und dem Projekt
- Welches Produkt bzw. welche Dienstleistung wird präsentiert?
- Wer sind die (größten/wesentlichen) Wettbewerber?
- Wie lautet die Quintessenz der Marke (Markenpersönlichkeit)?
- Wofür soll die Marke stehen (mentale Positionierung)?
- Welche Zielgruppe(n) möchten wir erreichen?
- Welche Gedanken/Gefühle/Aktionen soll der Text auslösen?
- Gewünschte Tonalität des Textes?
- Wo/in welchen Medien wird der Text veröffentlicht?
- Visuals (beschreiben oder beifügen)
- Erklärung von Wortspielen/Jargon/Anspielungen im Originaltext
- Relevante Websites/Referenzmaterial

V Der Arbeitsplatz

Auch wer kreativ ist, braucht eine gewisse Ordnung im Chaos, um wirklich kreativ sein zu können. Denn Kreativität erfordert, wie wir wissen, ein gerüttelt Maß an Disziplin und Systematik.

Mein Arbeitsplatz etwa sieht so aus:

- Zwei Bildschirme – einer für die Arbeit, einer für Terminologien/Recherchen
- Manchmal kommt zusätzlich auch noch ein Notebook und/oder Tablet parallel zum Einsatz
- Zweite große Arbeitsplatte, auf der ich Bilder und Texte ausbreiten kann
- Blätter für Notizen
- Board für Brainstorming
- Kundenspezifische Ordner mit Referenzmaterial (frühere Aussendungen, Werbeprospekte, sonstige relevante Texte, evtl. auch von der Konkurrenz)
- Kladden (elektronisch oder auf Papier), in denen ich alles notiere, was mir zum Projekt einfällt oder was ich bei meinen Recherchen finde und eventuell verwerten kann
- Terminologiedatenbanken, Styleguides der jeweiligen Kunden
- Konsequente Dateistruktur, sodass gesammelte Hintergrundartikel und Referenzmaterialien leicht aufzufinden sind
- Spontane Ideen diktiere ich mir in die Sprachmemofunktion meines Mobiltelefons, wenn ich gerade nicht im Büro bin.

Haben Sie noch ergänzende Ideen? Ich freue mich über Anregungen. Schreiben Sie mir: feedback@sattler-hovdar.com

VI Telefonische Anfragen: Was sage ich?

Tipp: Kasten kopieren und im Büro an die Wand hängen – dort, wo Sie beim Telefonieren hinsehen.

Tipps fürs Telefon

Lassen Sie sich am Telefon auf keine Preisverhandlungen ein. Beraten Sie stattdessen den Anrufer durch gezielte Fragen:

- Um was für einen Text handelt es sich?
- Wofür soll er verwendet werden?
- An wen ist der Text gerichtet, wer ist die Zielgruppe?
- Bis wann benötigen Sie die Übersetzung?
- Und abschließend: Wenn Sie mir den Text zuschicken, kann ich Ihnen einen konkreten Voranschlag zu Zeit- und Kostenaufwand unterbreiten.

Für den Fall, dass jemand darauf besteht, zumindest eine Preisspanne zu erfahren, üben Sie sich eine Antwort ein – oder hängen Sie sich eine Antwort neben das Telefon. Diese Antwort könnte zum Beispiel so oder so ähnlich lauten:

„Ich gebe am Telefon prinzipiell keine Preise durch, weil Preise in unserem Bereich schlecht vergleichbar sind. Da spielen so viele Faktoren mit herein. Ein scheinbar billiger Preis kann für Sie letztlich teuer werden, wenn Sie alles neu machen lassen müssen oder Kunden vergraulen oder eine wichtige Frist versäumen. Ich schlage daher vor: Schicken Sie mir das Dokument zu, natürlich streng vertraulich, schreiben Sie bitte noch dazu, welchem Zweck die Übersetzung dient, wer die Zielgruppe ist und bis wann Sie die Übersetzung spätestens benötigen. So kann ich Ihnen ein maßgeschneidertes Angebot unterbreiten. Wäre das in Ihrem Sinne?"

Und wenn der Kunde immer noch auf einem Preis besteht:

„Mein Stundenhonorar beträgt XX. Wie viel ich allerdings in einer Stunde schaffe, hängt vom Text ab."

Spätestens hier wird Ihnen ein seriöser Kunde den Text zuschicken. Und wenn nicht, denken Sie an die obige Empfehlung: Seien Sie bereit, einen Auftrag abzulehnen, wenn die Konditionen nicht stimmen. Sie tun sich selbst und Ihrem Kunden einen Gefallen.

VII Häufige Fragen (und meine Antworten dazu)

Wann gilt ein Auftrag als „Transkreation" im Gegensatz zu einer reinen Übersetzung, das heißt, wann ist ein Transkreationshonorar gerechtfertigt?

Die Grenzen sind fließend, aber ich empfehle, dass alles, was veröffentlicht wird und in irgendeiner Weise dem Image und den Verkaufszahlen eines Unternehmens förderlich sein soll bzw. eine Reaktion des Adressaten zum Ziel hat, ein Überarbeiten und Um- bzw. Neutexten in der Zielsprache erfordert und daher entsprechend abgewickelt und honoriert werden sollte. Siehe auch Kapitel 8, Die Kostenfrage.

Wie kann ich ein Übersetzungsbüro dazu bringen, mir das nötige Briefing bzw. Referenzmaterial zukommen zu lassen, sie sagen oft, sie hätten es nicht.

Wenn der Agentur wirklich an guter Arbeit und zufriedenen Kunden liegt, wird sie sich bemühen, alles Nötige aufzutreiben und weiterzugeben. Setzen Sie dieselben Argumente ein wie bei einem Direktkunden. Leider sind sich viele Projektmanager nicht bewusst, was Texter für eine gute Arbeit benötigen, da müssen Sie also entsprechende Aufklärung betreiben. Und zwar immer wieder aufs Neue, da die Fluktuation bei den Projektmanagern meist hoch ist und immer wieder neue nachkommen. Wenn kein Argument greift, können Sie eventuell darauf hinweisen, dass eine verpatzte Broschürenübersetzung zu kostspieligen Schadenersatzforderungen führen kann. Siehe auch Kapitel 3, Das Briefing.

Warum ist der zeitliche Aufwand so hoch, auch wenn ich mich auf Transkreation spezialisiert habe?

Beispiel: Eine Kollegin rief mich vor einiger Zeit an und bat mich, ihr bei einer knackigen Headline aus dem Englischen ins Deutsche zu helfen. Sie übersetzt so wie ich aus dem Englischen. Sie las mir die Headline vor, und als dann nichts mehr kam, fragte ich, wie sie sich das vorstelle. „Na, du bist doch da drauf spezialisiert", meinte sie, allen Ernstes. Hier muss etwas deutlich gemacht werden: Die Spezialisierung auf Transkreation ist nicht mit terminologischem Fachwissen vergleichbar, da es nicht darum geht, auf Knopfdruck bestimmte Fachtermini abrufen zu können – wie bei einem Fachübersetzer – sondern die Spezialisierung bedeutet, dass ich in der Lage bin, mir die nötigen Informationen zu beschaffen und einen gezielten Prozess anzustoßen, um strategisch gezielte Texte zu produzieren. Die Arbeit ist daher mehr mit der eines professionellen PR- und/oder Werbetexters als mit der eines professionellen Übersetzers zu vergleichen. Tatsächlich sollte ein Transkreativtexter auch in der Lage sein, selbst Texte anhand eines Briefings zu produzieren, ohne eine ausgangssprachliche Vorlage. Siehe auch Kapitel 2, Häufige Problematik.

Wie kann ich einen höheren Tarif durchsetzen, der meinem Arbeitsaufwand gerecht wird? Ich kriege ja nicht mehr als maximal xx Cent pro Wort.

Eines sollten Sie sich als Unternehmer gleich aus Ihrem Verhandlungswortschatz streichen – den Satz „Ich kriege aber nur". Dieser sagt mir nämlich, dass Sie nicht erklären, veranschaulichen und beraten, so wie Sie dies als Dienstleister tun sollten, sondern das (hin)nehmen, was man Ihnen anbietet. Und dann jammern, Sie „kriegen nicht mehr". Wie soll der Kunde wissen, welcher Aufwand dahintersteckt, wenn Sie es ihm nicht klarmachen? Sie sind der Profi! Zeigen Sie es auch, denn der Kunde darf zu Recht erwarten, dass Sie ihm erklären, warum Ihre Leistung auf den ersten Blick teurer erscheint. Siehe in diesem Zusammenhang die Argumentationsempfehlungen in Kapitel 8, Die Kostenfrage.

Wie kann ich lernen, besser zu verhandeln?

Siehe Kapitel 8, Die Kostenfrage. Zu beachten ist, dass Preise vor allem im Premium-Segment verhandelbar sind. Wenn Sie nicht gut genug oder willens genug sind, wirklich exzellente Texte zu liefern, bleibt bestenfalls das Mittelmaß, und da ist die Konkurrenz groß und der Verhandlungsspielraum wesentlich geringer.

Was ist, wenn ich für einen Kunden bereits seit längerer Zeit transkreative Arbeit zum normalen Übersetzungspreis pro Zeile leiste – wie kann ich dann noch bessere Preise verhandeln?

Eine sehr relevante Frage. Es ist naturgemäß schwierig, Preise auf einmal umzustellen. Aber es nicht unmöglich. Man könnte zum Beispiel wie folgt argumentieren: „lieber Kunde, ich erbringe schon seit längerem Leistungen, deren Aufwand so hoch ist, dass der übliche zwischen uns vereinbarte Übersetzungstarif der tatsächlichen Arbeit bei weitem nicht mehr gerecht wird. [Hier nun den Aufwand erklären, siehe die Argumentationshilfe in Kapitel 8]. Bislang habe ich dies als Service erbracht, dies ist nun aber in Anbetracht der steigenden Nachfrage nach meinen Leistungen für mich nicht mehr möglich. Ich schlage daher vor, dass wir diesbezüglich eine neue Abrechnungsform vereinbaren. Mein Vorschlag lautet wie folgt: [Hier kommt Ihr Vorschlag]." Wenn der Kunde meint, dies könne er nicht bezahlen, erklären Sie, dass Sie ihn gern behalten möchten (wenn dies der Fall ist!), aber bei Vorliegen mehrerer Anfragen verständlicherweise jene Aufträge vorziehen werden, die Ihren Aufwand fair vergüten.

Sind CAT-Tools ein Hindernis für transkreatives Texten?

Ja, in der Tat. Da sich der eigentliche Transkreationsprozess bzw. der Schritt der Überarbeitung allein auf den Zieltext konzentriert, sind Segmentierungen und Tags hinderlich. Man sollte einen Text fließen lassen und beliebig umstellen können, ohne an die Technik denken zu müssen. Wenn Sie sich die Fallbeispiele in diesem Buch durchgelesen haben, ist Ihnen sicher aufgefallen, dass sogar ganze Sätze bisweilen an eine andere Stelle versetzt wurden. Das ist bei vorsegmentierten Texten nicht möglich. Allerdings ist es sinnvoll, sich kundenspezifische Datenbanken mit feststehenden Wendungen, Produktinformationen, spezieller Terminologie und nützlichen Tipps anzulegen. Damit können Sie Rohübersetzungen anfertigen und sichergehen, etwaige Vorgaben mit Sicherheit übernommen zu haben, und können den Text anschließend außerhalb Ihres CAT-Tools bearbeiten. Siehe auch den Abschnitt „Der Blick fürs Ganze" in Kapitel 7.

Sind Sie schon um Backtranslations gebeten wurden, und wie gehen Sie damit um?

Ich habe Kunden, die gelegentlich eine Backtranslation des finalisierten endsprachlichen Textes benötigen. Das liegt meist daran, dass die Muttergesellschaft des lokalen Kunden kein Deutsch versteht, aber trotzdem ungefähr wissen möchte, was der deutsche Text besagt und wie stark er vom Originaltext abweicht. Ich denke, die meisten von uns sind sich der Unzulänglichkeit einer Backtranslation bewusst, aber der Kunde hat nicht zwangsläufig unsere Erfahrung. Man sollte daher unbedingt betonen, dass die Backtranslation lediglich der Orientierung dient. In diesen Fällen liefere ich, in Absprache mit dem Kunden, eine eher wörtliche Übersetzung und erkläre Wortspiele und Anspielungen sowie die Gründe dafür, eine ganz andere Formulierung zu wählen als im Original. Dies ist die Lösung, die ich generell allen empfehle, die um eine Backtranslation gebeten werden. Übrigens sollte auch diese nach Zeitaufwand abgerechnet werden!

Welche Voraussetzungen sollte man als Übersetzer erfüllen, um als Transkreativtexter tätig zu werden?

Stilsicher, intelligent, kompetent, souverän, wissbegierig, recherchefreudig, begeisterungsfähig, sowie selbstverständlich sprachliche und sachliche Kompetenz – dies sind einige der Eigenschaften, die man guten Textern in der Regel zuschreibt. Einen idealen Werdegang gibt es wohl beim Texter bzw. Transkreativtexter genauso wenig wie beim Übersetzer generell, aber grundsätzlich gilt, dass für Transkreationsarbeiten eine gewisse Begabung und natürlich auch ein entsprechendes Interesse vorhanden sein sollten. Marketingerfahrung ist mit Sicherheit ein Vorteil, aber keine zwingende Voraussetzung. Wer sich als Texter bzw. textender Übersetzer (Transkreativtexter) bewirbt, sollte jedoch wissen, was eine gute Copy ausmacht. Dies ist eine Fähigkeit, die man in der Regel mit zunehmender Erfahrung erwirbt, idealerweise durch entsprechende Zusammenarbeit mit Werbe- und/ oder PR-Profis. Bücher und Workshops zu Kreativitätstechniken sind ebenfalls hilfreich und zu empfehlen (siehe Literaturempfehlungen in Anhang X). Darüber hinaus sollte man sich durch beständiges Lesen guter Texte, Pressemitteilungen und Werbematerialien auf dem Laufenden halten. Und nehmen Sie gern immer wieder dieses Buch zur Hand.

VIII David Ogilvy und seine Big Idea

Ogilvy war ein erklärter Anhänger der „Big Idea". Eine große Idee erkenne man anhand von 5 Kriterien bzw. Fragen[52]:

1. **Der „Wow"-Effekt:** War ich erst mal sprachlos, als ich den Text zum ersten Mal sah?
2. **Verdammt gut:** Wünschte ich mir, das wäre mir selbst eingefallen?
3. **Hat sonst niemand:** Ist die Idee einzigartig?
4. **Strategisch perfekt:** Entspricht der Text der Strategie auf ganzer Linie?
5. **Beständig:** Könnte der Text 30 Jahre lang verwendet werden?

Inwieweit diese Big Idea auf die Arbeit des Transkreativtexters anwendbar ist, hängt von der Aufgabenstellung ab. Nicht immer hat man die Möglichkeit und die Ressourcen, um The Big Idea zu erfüllen. Was jedoch immer erreicht werden muss, ist ein anderes Big – The Big Picture: das große Ganze, die Stoßrichtung, die wesentliche Botschaft, das, was der Autor in jedem Punkt vermitteln möchte.

52 Nach Ogilvy, 1985. S.16.

IX Idealprofil eines Transkreativtexters

Die folgende Aufstellung wurde aus diversen Anzeigen zusammentragen. Am häufigsten erwähnt wurden folgende Profilanforderungen:

- Sie haben Freude am Formulieren und Gestalten
- Sie sind Perfektionist
- Sie besitzen umfassendes Weltwissen
- Sie sind ständig neugierig auf Neues
- Sie haben das Bedürfnis andere zu begeistern
- Sie besitzen Sprach- und Sachkompetenz
- Sie überzeugen durch Stilsicherheit, Intelligenz, Kompetenz, Intuition
- Sie erstellen Übersetzungen, die klingen, als wären es keine
- Sie verstehen Ihre Texte als Teil der Brand und User Experience
- Sie scheuen sich nicht vor umfassenden Rechercheaufgaben
- Sie sind konzeptionsstark und haben ein sicheres Sprachgefühl
- Sie feilen ständig an Ihrem kreativen, prägnanten Schreibstil
- Sie lieben es, mit Sprache und Bildern zu jonglieren
- Sie sind die Brücke zwischen dem Auftraggeber und seinen Kunden in anderen Ländern

Erkennen Sie sich in dieser Auflistung wieder? Ja? Gratuliere: Dann haben Sie ideale Voraussetzungen für die Tätigkeit als Transkreativtexter.

Folgen Sie nun, wenn Sie möchten, den „Drei Schritten zum Transkreativtexter“:

Drei Schritte zum Transkreativtexter

1. Eignung und Interesse: Klären Sie für sich selbst anhand dieses Buches, ob Transkreation ein Bereich ist, der für Sie relevant ist, mit dem Sie gerne arbeiten möchten. Wenn das der Fall ist, gehen Sie zu Schritt 2.
2. Fortbildung: Falls noch nicht vorhanden, bilden Sie sich in Marketing, insbesondere Markenpositionierung, Verbraucherpsychologie weiter.
3. Positionierung: Finden Sie „Ihre" Marke, Ihre größten Stärken. Bedenken Sie: Sie sind wesentlich mehr als bloß „Übersetzer". Diese Arbeit wird generell so unterschätzt, dass Sie sich besser als Transkreativtexter positionieren sollten.

Finden Sie heraus, worin Ihre größten Stärken liegen und machen Sie daraus „Ihre Marke". Sie sind die Marke. Betonen Sie auch eher die strategische Kompetenz – bei Kreativität haben manche Kunden Angst, Sie könnten zu „kreativ" sein, das heißt, die gewünschten Botschaften möglicherweise verwässern. Sie tun aber genau das Gegenteil: Sie **stärken** die Botschaften Ihrer Kunden aufgrund Ihrer interkulturellen strategischen Kompetenz.

Bedenken Sie:

- Sie sind mehr als ein „normaler Übersetzer": Sie sind zusätzlich auch Texter.
- Sie sind mehr als ein „normaler Texter": Sie bieten zusätzlich profunde interkulturelle Kompetenz und können Texte von einer Ausgangskultur in eine Zielkultur nicht nur sprachlich, sondern auch kulturell adäquat transportieren.
- Sie sind Übersetzer, Texter und Stratege in einem. Sie bieten geballte, gebündelte Beratungskompetenz.
- Sie sind kreativ, aber stets strategisch denkend.

Und nicht zuletzt: Wenn Sie selbst strategische Überlegungen oder kluge Fragen einbringen können, werden Sie viel eher als ebenbürtiger Geschäftspartner geschätzt und letztlich auch wesentlich besser honoriert.

X Literaturempfehlungen

Baumert, Andreas. *Professionell Texten.* 2. Auflage, München, DTV, 2008 (bzw. 3. Auflage von 2011)

Bernecker, Michael: *30 Minuten Basiswissen Marketing.* Offenbach, Gabal Verlag, 2011

Brügger, Chris und Scherer, Jiri. *Denkmotor: Nichts ist gefährlicher als eine Idee, wenn es die einzige ist.* GABAL, 2014

Bruhn, Manfred: *Kommunikationspolitik: Systematischer Einsatz der Kommunikation für Unternehmen.* 6. Auflage, München, Vahlen 2010

Förster, Hans-Peter: *Texten wie ein Profi.* Frankfurt am Main: FAZ-Institut für Management-, Markt- und Medieninformation, 2000. (Mittlerweile gibt es eine 12. Auflage von Frankfurter Allgemeine Buch, 2011)

Hennecke, Angelika. *Multimodale Texte und ihre Bedeutung für die Übersetzungspraxis.* trans-kom 8 [1] (2015): S. 202–232. www.trans-kom.eu/bd08nr01/trans-kom_08_01_10_Hennecke_Multimodal.20150717.pdf

Kast, Bas. *Und plötzlich macht es KLICK! Das Handwerk der Kreativität oder wie die guten Ideen in den Kopf kommen.* Verlag S. FISCHER, 1. Auflage, 2015

Ries, Al and Trout, Jack: *Positioning, The battle for your mind.* Reissue, New York: Warner Books, 1993

Ries, Al & Trout, Jack. *Positioning: Wie Marken und Unternehmen in übersättigten Märkten überleben.* Aus dem Amerikanischen übersetzt von Lorenz Wied. Verlag Franz Vahlen, München, 2012

Scharf, Andreas, Schubert, Bernd und Hehn, Patrick: *Marketing: Einführung in Theorie und Praxis.* 5. Auflage, Stuttgart, Schäffer-Poeschel Verlag, 2012

Scherer, Jiri und Brügger, Chris: *Kreativitätstechniken. In 10 Schritten Ideen finden, bewerten, umsetzen.* 3. Auflage, Gabal Verlag, Offenbach, 2012.

Witzel, Jutta: *Kreativität einladen.* MDÜ 5/13. BDÜ, Berlin, 2013

Sonstige Empfehlungen

- Synonymwörterbücher (Duden, Internet z. B. woxicon)
- branchenrelevante Magazine (on- und offline)
- Zeitungen (on- und offline) zu Themen aus verschiedensten Bereichen, die aktuell bewegen (aus Politik, Kultur, Wissenschaften)
- Blogs und Websites zu Marketing und Werbung, z. B. http://onlinemarketing.de, www.wuv.de, www.wiwo.de

Quellenverzeichnis

Nord, Christiane: *Hürden-Sprünge. Ein Plädoyer für mehr Mut beim Übersetzen.* BDÜ Weiterbildungs- und Fachverlagsgesellschaft mbH, Berlin, 2014

Ogilvy, David. *Ogilvy on Advertising.* First Vintage Books Edition, New York, 1985

Ogilvy, David. *Confessions of an Advertising Man.* Southbank Publishing, London, 2004 (Nachdruck der Originalausgabe von 1963)

Rieke, Nina. *Alles braucht einen Anfang.* In: Baetzgen, Andreas (Hrsg.), Brand Planning. Starke Strategien für Marken und Kampagnen. Schäffer-Poeschel Verlag, Stuttgart, 2011

Ries, Al & Ries, Laura: *The Fall of Advertising and the Rise of PR.* HarperCollins Publishers, New York, 2002

Ries, Al & Trout, Jack: *Bottom-up Marketing.* Penguin Books, New York, 1990. Authorized reprint of a hardcover edition published by McGraw-Hill, Inc.

Ries, Al & Trout, Jack. *Positioning. The battle for your mind.* Reissue.Warner Books, New York, 1993

Ries, Al & Trout, Jack: *The 22 Immutable Laws of Marketing. Violate Them at Your Own Risk!* HarperCollins Publishers, New York, 1993

Scherer, Jiri und Brügger, Chris: *Kreativitätstechniken. In 10 Schritten Ideen finden, bewerten, umsetzen.* 3. Auflage, Gabal Verlag, Offenbach, 2012

Scherer, Jiri und Brügger, Chris: *Denkmotor: Nichts ist gefährlicher als eine Idee, wenn es die einzige ist.* Gabal Verlag, Offenbach, 2014

Schlink, Bernhard: *Der Vorleser.* Diogenes Verlag, Zürich, 1997

Steen Jensen, Ingebrigt: *Ona Fyr.* 6. Aufl., Dinamo forlag, Oslo, 2002

The Ogilvy Group. *The Unpublished David Ogilvy.* Profile Books Ltd, London, 2012 (first published in the United States of America in 1987 by Crown Publishers, Inc.)

Trout, Jack, with Rivkin, Steve: *The New Positioning.* McGraw-Hill, New York, 1995.

Hat dieses Buch für Sie folgende Fragen beantwortet?

- Was ist Transkreation?
- Wie muss ich mir die Arbeit eines „Transkreativtexters" vorstellen?

Wenn Sie Übersetzer sind:

- Ist das überhaupt etwas für mich?
- Wenn ja: Wie kann ich mich auf diesem Gebiet weiterentwickeln/spezialisieren/positionieren?
- Wie mache ich anderen klar, was sie sich darunter vorstellen sollten und welcher Aufwand damit verbunden ist?

Wenn Sie Auftraggeber sind:

- Brauche ich so etwas wie Transkreation etwas überhaupt?
- Wie kann ich optimale Ergebnisse sicherstellen?
- Welcher Aufwand ist damit verbunden?
- Mit welchen Kosten muss ich rechnen?

Wenn Sie finden, dass der eine oder andere Aspekt noch nicht ausreichend behandelt wurde oder Sie weitere Fragen haben, freue ich mich über eine Rückmeldung unter feedback@sattler-hovdar.com.

**Ich spiele gern mit den Wörtern;
ich liebe es, wenn ich das Gefühl habe,
genau das richtige Wort gefunden
zu haben, um das zu beschreiben,
was ich gerade beschreiben möchte.**

Margaret Haddix [53]

53 www.brainyquote.com/quotes/keywords/right_word.html – meine Übersetzung

Christiane Nord: Hürden-Sprünge – Ein Plädoyer für mehr Mut beim Übersetzen, Umfang: 214 Seiten, ISBN: 978-3-938430-62-0, Erscheinungsjahr: 2014, Preis: 25,00 Euro

Anhand von 100 Beispielen mit Übersetzungen in deutscher, englischer, französischer, spanischer, italienischer, portugiesischer, chinesischer, arabischer, türkischer, russischer, dänischer, schwedischer Sprache und in Afrikaans zeigt die Autorin, was es bedeutet, beim Übersetzen nicht nur Texte in anderen Sprachen zu produzieren, sondern Texte, die auch über die „kulturelle Hürde" kommen. Dabei geht es um folgende Textsorten: Garantiezertifikate, Stellenangebote, Presseberichte, Handelskorrespondenz, Nachrichten, medizinische Packungsbeilagen, Wartungs- und Gebrauchsanleitungen, Autoatlanten, Lehr-, Fach-, Sach- und Kinderbücher, Autobiografien, Essays, Romane, Erzählungen, Märchen, Krimis, Theaterstücke, Gedichte, Kinderlieder, politische Songs, Comics, Schilder im öffentlichen Raum, eine (mündliche) Stadtführung in Hanoi und das Neue Testament.

Zahlreiche „Mutproben" (zu denen es auch entsprechende Hilfestellungen gibt) helfen den Leserinnen und Lesern, selbst auszuprobieren, ob sie schon genügend Mut für einen eleganten Hürden-Sprung erworben haben.

BDÜ (Hrsg.): Honorarspiegel für Übersetzungs- und Dolmetschleistungen in der Bundesrepublik Deutschland 2014, Umfang: 65 Seiten, ISBN: 978-3-938430-71-2, Erscheinungsjahr: 2015, Preis: 17,50 €

Anders als für Leistungen in anderen freien Berufen – z. B. Leistungen von Rechtsanwälten, Architekten oder Ingenieuren – gibt es in Deutschland für die Leistungen von Übersetzern und Dolmetschern keine Gebühren- oder Honorarordnungen.

Um dennoch in einem preislich für Auftrag-geber und Auftragnehmer gleichermaßen weitgehend unübersichtlichen Markt für ein gewisses Maß an Transparenz zu sorgen, führt der BDÜ seit dem Jahr 2008 regelmäßig Umfragen über die im Vorjahr in Deutschland erzielten Honorare für Dolmetsch- und Übersetzungsleistungen durch.

Alle Preise sind Bruttopreise und verstehen sich zzgl. Porto und Verpackung (ab 2,50 Euro). Bestellungen erbitten wir bevorzugt über unsere Internetseite: www.bdue-fachverlag.de. Dort finden Sie außerdem Leseproben zum kostenlosen Download.